Gaby Hauptmann

Mehr davon

Gaby Hauptmann

Mehr davon

Vom Leben
und der Lust am Leben

Mit über 100 Farbfotos

Kabel

Von Gaby Hauptmann liegen bei Piper vor:

»Suche impotenten Mann fürs Leben«
»Nur ein toter Mann ist ein guter Mann«
»Die Lüge im Bett«
»Eine Handvoll Männlichkeit«
»Die Meute der Erben«
»Ein Liebhaber zuviel ist noch zuwenig«
»Frauenhand auf Männerpo«

ISBN 3-8225-0550-1

Redaktion: Micheline Rampe
Gesetzt aus der Nofret
Satz und Repro: Kösel, Kempten
Druck und Bindung: Clausen & Bosse, Leck
Printed in Germany

Dank meinen Eltern
für meine schöne
Kindheit und Jugend

Schnuppern, ob es nach Schnee riecht,
kratzen, um das Schneeglöckchen zu sehen,
hauchen, damit der Falter wieder fliegen kann,
lachen, weil Du liebst,
einschlafen, mit der Hand auf dem Bauch neben Dir,
aufwachen und einfach liegenbleiben,
zwei sein und Dich spüren,
Dich behüten, während Du wächst,
staunen, wenn Du Da bist,
und
weinen vor Glück.

Inhalt

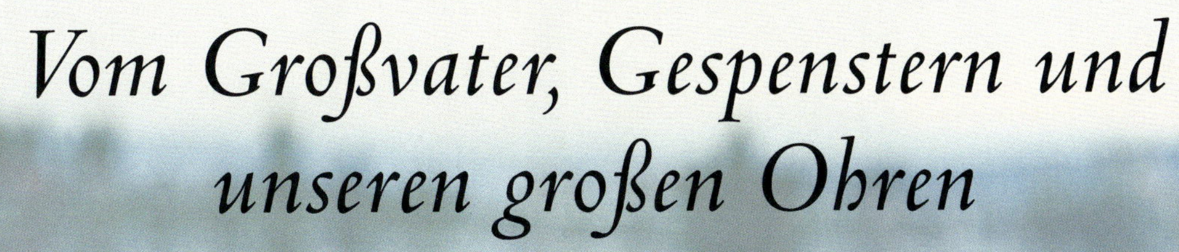

Vom Großvater, Gespenstern und unseren großen Ohren

Wenn du glücklich bist, fällt ein Lächeln leicht. Wenn du traurig bist, ist es schmerzhaft. Glück läßt sich nicht erzwingen, es kommt von innen, aus der Seele. Verliebte Menschen strahlen. Ob sie wollen oder nicht, man sieht es ihnen an. Materielles beruhigt, macht aber nicht glücklich. Zumindest nicht auf Dauer. Wie schafft man es aber, sich ein Quentchen Glück zu sichern, wenn uns die Umstände gar nicht danach sind, wenn uns die Berge, die vor uns liegen, zu erdrücken drohen, wenn das Chaos über uns hereinzustürzen droht? Ich glaube, daß es diese Zeiten braucht, um dann die guten Momente erkennen und genießen zu können. Wer immer oben schwimmt und dafür nichts tun muß, wird das nicht mehr genießen können, was er hat. Für mich laufen Genuß und Glücklichsein parallel. Manchmal ist es schwierig, vor allem im Zeitdruck, den Augenblick zu genießen, statt angespannt nach vorn zu blicken. Es braucht Training, um abschalten zu können, oder auch Tricks.

Meine Mutter mit mir

Ich habe meine Tricks.

Wenn mich irgend etwas plagt, das ich im Moment nicht ändern oder sinnvoll bearbeiten kann, stecke ich es

Ausflug mit unserem ersten Auto, einem DKW-Cabrio

in meine Kommode. Das wirkt vor allem beim Einschlafen. Sobald ich spüre, daß meine Gedanken um einen Punkt kreisen und davon nicht ablassen können, ich mich also selbst am Einschlafen hindere, stelle ich mir eine große, alte Kommode vor. Ganz detailliert. Und eine der Schubladen ziehe ich dann auf. Sie hakelt und quietscht wie im richtigen Leben. In diese Schublade packe ich mein Problem und schließe sie mit dem festen Willen, sie erst wieder zu öffnen, wenn ich den Inhalt brauche. Das funktioniert. In dem Moment, in dem ich sie schließe, bin ich frei von weiteren Überlegungen zu diesem Thema.

Mein Freund, dem ich diesen Ratschlag ganz zu Anfang unserer Beziehung für seine Probleme gab, schrieb mir daraufhin in seinem ersten Brief, daß er letztlich nicht auch als Gespenst in einer meiner Schubladen enden

*Rechte Seite:
Der Traum aller Kinder:
ein Hund*

wolle. Ich hatte und hab's nicht vor, – so ist der Schubladen-Trick außerdem nicht gedacht. Es geht nicht um Verdrängen, sondern um Aufbewahren.

Gespenster sind mir nicht fremd, und die Vorstellung, es könne welche geben, fand ich schon in meiner Kindheit klasse. Das mag daran gelegen haben, daß mein Vater sich auf alles stürzte, was irgendwie alt und geschichtsträchtig war – mit Ausnahme meiner Mutter, natürlich. Er sammelte die Geschichten von Burgen wie andere Bierdeckel und grub endlos in den Archiven herum, bis er alles rekonstruieren konnte. Anfang, Blütezeit und Ende, und zwar sowohl in Text als auch im Bild. Er baute mit dem Zeichenstift aus den allerletzten Trümmern einer überwucherten Ruine nach allem, was er erfahren, entdecken und erforschen konnte, die stolze Burg von einst auf. Es war sein Hobby wie auch seine Arbeit als Grafiker. Er betonte immer, daß er in der glücklichen Lage sei, sein Hobby zum Beruf gemacht zu haben – doch seine wahre Leidenschaft war die Archäologie. Wäre ihm der Krieg nicht dazwischengekommen, hätte er wahrscheinlich auf den Spuren Schliemanns in Troja oder sonstwo gebuddelt, und ich hätte nie über ihn schreiben können. Letztlich konnte er jedoch als Grafiker beides verbinden

*Mit meinen Eltern und
meiner um vier Jahre älteren
Schwester Karin*

und später sogar Artikel in Zeitungen und ganze Burgen-Bücher veröffentlichen.

Eine der Voraussetzungen für seine Arbeit war, denke ich, eine überdurchschnittlich große Portion Phantasie. Die hat er mir und meiner älteren Schwester Karin weitergegeben. Wenn er uns abends zum Einschlafen Geschichten erzählte – wohlgemerkt: erzählte, nicht vorlas – wurden die in ihrem Verlauf meist so spannend, daß wir bald senkrecht im Bett saßen. Es drehte sich, wie sollte es anders sein, um Burgen, Gespenster, Abenteuer. Etwa so: »… und dann hörten sie, wie Schritte die Treppe heraufkamen. Jede Stiege knarrte leise, und die Schritte kamen immer näher und näher, bis sich der Türknauf langsam drehte und ein Schatten durch die sich langsam öffnende Tür hereinfiel. Und es war … es war …«, wir fragten atemlos, wer es denn nun war, aber er mußte sich das erst selbst noch überlegen und beschloß, die Fortsetzung am nächsten Tag zu erzählen. Im übrigen waren wir Kinder uns damals sicher, daß wir eines Tages in einer alten Ruine ohne Dach leben würden. Schließlich hatten wir so manche in stundenlangen Eroberungsmärschen erklommen, und Vaters Begeisterung war nicht zu bremsen. Um ihn davon abzubringen, zeigten wir bei unseren Ausflügen im Auto, sobald eine Burg in Sicht kam, immer beharrlich auf die gegenüberliegende Seite. Er grinste, denn er kannte natürlich jeden alten Stein in der näheren und ferneren Umgebung, trotzdem hat es wohl doch etwas genützt – ein Umzug blieb uns erspart.

Mädchenglück in der Trossinger Rainstraße

Schule? Hat mich schon als Vierjährige nicht interessiert …

Seine mittelalterlichen Studien hatten allerdings auch andere Auswirkungen. Als ich eingeschult wurde und die katholische Religionslehrerin uns in einer der ersten Stunden anwies, etwas zu zeichnen, was uns zur Kirche einfiel, ergingen sich die meisten Kinder darin, einen Kirchturm mit einem lieben Gott in den Wolken zu malen. Ich gestaltete eine Hexenverbrennung – was nicht so besonders gut ankam.

Auf der anderen Seite war ich eine begeisterte Katholikin, wenn es um die katholische Leihbücherei ging. Ich schleppte unglaublich viele Bücher nach Hause, denn Bücher waren teuer, und keiner konnte so viele kaufen, wie ich verschlang. Schließlich ging ich dazu über, meine eigenen Bücher zu schreiben. Und gleichzeitig auch zu illustrieren, denn nicht umsonst schlummern die künstlerischen Begabungen meines Vaters und die meines Großvaters – er war Kunstmaler – in mir und meiner Schwester. Sie setzte die Mitgift übrigens beruflich um und arbeitet heute als freie Grafikerin in Stuttgart.

Mit Karin, Jörg und »Mocki« in den Ferien am Bodensee

Damals, als etwa Neunjährige, kam ich auch auf die grandiose Idee, meinem Vater zu diversen Geburtstagen oder anderen geschenkträchtigen Festtagen statt selbstgestrickten Socken – was ich trotz Handarbeitsunterrichts nie lernte – selbstgeschriebene Romane zu schenken. Sie handelten natürlich von Römern oder Raubrittern. Doch da mir nach etwa fünf Seiten dazu nichts mehr einfiel, blieben sie allesamt unvollendet. Das änderte sich mit zehn Jahren. Ich wurde stolze Besitzerin einer Kinderschreibmaschine und traktierte das Ding Tag und Nacht. Erstmals schrieb ich meine Geschichten auch zu Ende. Ich träumte mich einfach hinweg, durch die Zeilen hindurch in einen Urlaub am Neuchâteler See, mit Barry, einem Bernhardiner, während mein Hund Danny in Wirklichkeit ein Dackel war und die Hausaufgaben vor mir warteten. Ich denke, ich war ein glückliches Kind, das sich immer und überall sein eigenes kleines Reich schuf. Ich konnte mich problemlos mit mir selbst beschäftigen; ganze Heerscharen von kleinen Indianern, Pferden und Cowboys aus bemaltem Hartgummi zeugen noch heute davon. Ich hatte aber auch meine festen Freunde, vor allem Peter, einen um ein Jahr älteren Nachbarsohn, mit dem ich auf wilde Streifzüge ging, von denen ich ständig mit blauen Flecken zurückkam. Später waren dann Annette und Susanne aus den Nachbarhäusern wichtig. Wir lebten am Rande von Trossingen im Grünen, hatten Auslauf und Eltern, die absolut tolerant waren. Meine Mutter war 31 Jahre alt, als sie heiratete, und 41, als ich geboren wurde. Mein Vater 51. Sie hatten schon viele Aufregungen hinter sich, auch die Geburt meiner um vier Jahre älteren Schwester Karin, und konnten vielem gelassen begegnen, was die Eltern meiner Spiel- und später Schulkameraden noch völlig aus dem Häuschen brachte. Ich empfand es immer als Plus, ältere Eltern zu haben, die den Sinn und auch Unsinn mancher Verordnungen und Regeln schon eingesehen hatten und uns nicht mehr über alle Maßen mit Erziehungsversuchen nervten.

Ich glaube schon, daß man als Kind vieles aufnimmt, was sich später als Rüstzeug im Leben erweist.

Warum erzähle ich das? Ich werde oft gefragt, wo ich meine Ruhe und Zuversicht hernehme. Ich glaube schon, daß man als Kind vieles aufnimmt, was sich später als Rüstzeug im Leben erweist. Mir fällt dabei Mario Adorf ein, dessen Mutter gesagt hat, daß es egal sei, welchen Beruf er ergreife. Sie sei sicher, er würde alles gut machen. Eine solche Aussage beruhigt, hängt die Erwartungslatte nicht so hoch. Besser glücklicher Müllmann als unglücklicher Manager.

Da war's passiert: Das erste Mal auf einem Pferd und ... infiziert! Mit meinem Lieblingsonkel, Onkel Kurt

Ein Glücksfall für meine Schwester und mich war auch unser Großvater Karl, der einen Teil seines Lebens in einem märchenhaften Häuschen verbracht hat, das heute noch am Fuß des Herzogenhorns am Feldberg im Schwarzwald steht. Von ihm haben wir nicht nur die großen Ohren geerbt – die Chinesen behaupten, das bedeute Lebenslust –, sondern auch die Freude an der Geselligkeit und die Gabe, Menschen zusammenzubringen. Damit stehe ich nicht allein. Meine Schwester schafft es ebenfalls ständig, Menschen um sich zu sammeln, die sich vorher nicht kannten, und so die Kreise zu erweitern. Sie hat eine gewisse Aura, in der man sich einfach wohl fühlt – und zudem kann sie verdammt gut kochen. Mit Entsetzen denke ich daran zurück, wie ich als Kind das Opfer ihrer ersten Kochversuche war. Damals ging ich in die Verweigerung, was leider bis heute angehalten hat. So kocht sie seit Jahren völlig unangestrengt und sehr gut, während ich den Status der Ungeübten beibehalte. Durch ihre Nonchalance hat Karin für mich die Ausstrahlung einer italienischen Mama, die völlig problemlos zehn Kinder verköstigen und um sich herum ertragen könnte, während sie in ihrem offenen Atelier in der Toskana schwungvoll die Leinwand bearbeitet, nebenher endlos mit ihrer Freundin telefoniert und ein Glas Rotwein trinkt. Nichts davon ist natürlich wahr, sie arbeitet in Stuttgart und hat lediglich zwei Töchter, aber sie vermittelt solche Assoziationen. Zudem nähte sie sich früher ihre avantgardistischen Kleider häufig selbst. Schwungvoll, wie alles an ihr, leicht chaotisch und selbstverständlich ohne Schnittmuster, nach dem Motto: In

Karin mit Freunden und unserer Mutter am Bodensee

einer Stunde hat es fertig zu sein, sonst taugt es nicht. Damit sah sie dann wie die Schwester von Jackie Onassis aus, während ich eher selten als direkte Verwandte durchging. Karin ist um einiges größer, und sie hatte schon mit sechzehn eine unglaubliche Figur. Ich dagegen lief als damals Zwölfjährige noch mit der Statur eines schlaksigen Knaben durch die Gegend.

Doch eines war uns gemeinsam: die Liebe zu Großvaters »Molerhüsli«. Und damit auch zu den Gespenstern, womit ich wieder am Anfang wäre. Als meine Schwester und ich geboren wurden, war unser Opa schon seit einigen Jahren tot. Trotzdem sind wir mit ihm aufgewachsen. Er war für uns, wenn wir im »Molerhüsli« waren, allgegenwärtig. Unser erster Gruß, wenn wir nach längerer Zeit auf den Feldberg kamen, galt unserem Opi, und wenn wir unsere Fensterläden wieder schlossen, sagten wir: »Tschüs, Opa!« Die Geschichten um ihn waren aus dem Stoff, der Kinderherzen höher schlagen ließ, und auch heute genießen wir es, wenn unsere Mutter am Abend beim Schein der Petroleumlampe und dem Knistern des alten Kachelofens von unserem Großvater und unserem Vater erzählt.

Endlich ein Hund: Danny, gerade sechs Wochen alt

Karl Hauptmann war aus heutiger Sicht geradezu avantgardistisch. Seinen ersten Wohnsitz behielt er zeitlebens in seiner Geburtsstadt Freiburg im Breisgau. Dort lebten seine Frau Magdalena und sein Sohn Arthur, den unsere Mutter später heiratete. Für sein Leben und – vor allem – für seine Arbeit wurde das »Molerhüsli« aber im-

*Rechte Seite:
Power mit zehn Jahren:
2 MS unter der Haube!*

Sonntag, 18 Uhr. Suche mal wieder ein bestimmtes Foto in Hunderten von Bildern und werde dabei schier wahnsinnig. Ich weiß genau, wie es aussieht und wo ich es zuletzt gesehen habe. Dort liegt es aber nicht mehr. Verdächtige insgeheim alle und jeden, genau dieses eine Foto verlegt zu haben. Bin kurz davor, alle Fotos auf den Boden zu werfen, da sehe ich in einer der Schubladen – meine Fotoschubladen sind riesig und unergründlich – eine alte Schachtel. Wo kommt die jetzt her? Ich öffne sie, und ein samtiges Gefühl legt sich mir auf die Seele. Andi und ich beim Journalistenseminar in Hagen. Als blutjunge Volontäre. Wie witzig. Und dann ein Foto von mir, als ich noch freie Mitarbeiterin bei der Badischen Zeitung in Villingen war: im Ein-Finger-Expreß-Stil vor einer alten richtigen Adler. Und dieses Gesicht. Mit zwanzig hätte ich mir als Mann nicht begegnen wollen. Ich war hübsch und überaus kritisch. Ist jetzt 23 Jahre her. Ich wühle weiter und begegne meiner ersten großen Liebe. Mein Gott, könnte heute mein Sohn sein. Oder zumindest fast. Tausend Dinge fallen mir ein. Nach einer Stunde tauche ich wieder auf, auf dem Fußboden sitzend, die Schachtel neben mir. Ich lächle noch, als ich unten bei meinen Mitarbeitern wieder auftauche. Das Foto habe ich nicht gefunden, aber was spielt das schon für eine Rolle.

mer wichtiger. Es ist ein im Winter kaum erreichbares kleines Haus, das auch im Sommer eher umständlich zu bewirtschaften ist. Er allerdings sah in jenem Fleck den geeigneten Platz für seine Arbeit und außerdem für seine Rückzüge, denn er liebte zwar die Geselligkeit, aber nur, wenn sie seinen Wünschen entsprach und ihm nicht von außen aufgezwungen wurde. Die Masse Mensch konnte er nie leiden. Eigentlich war er im höchsten Grade Individualist. Bei den Freundinnen seiner Frau, die in Freiburg das großbürgerliche Leben pflegten, galt er sicherlich

als »komischer Kauz«. Für seine Freunde hingegen hatte er einen wundervollen Charakter. Er war großzügig, gerechtigkeitsliebend, humorvoll und mit dem sogenannten »gesunden Menschenverstand« gesegnet. Er hatte einen riesigen Freundeskreis, und im Lauf der Jahre wurde das »Molerhüsli« zum Treffpunkt vieler interessanter Zeitgenossen, die sich alle durch eines auszeichneten: Es waren Männer und Frauen, die den Berg liebten und vor allem die damals noch recht junge Sportart »Schifahren«.

Vom Indianerhäuptling zum Teeny

Im Hotel *Feldbergerhof* fand sich zu den damaligen Schipionierzeiten eine mondäne Gesellschaft ein, die Damen im Pelz, die Herren in Knickerbocker, und nach einem anstrengenden Tag auf den Holzbrettern im g'führigen Schnee genoß man den Fünf-Uhr-Tee. Auch Karl war dabei, denn er, als Mitbegründer der Bergwacht, war natürlich ein hervorragender Skifahrer. Er sprang am Herzogenhorn in Wächten, die heute noch jedem Skifahrer Respekt einflößen, beherrschte alle Techniken der damaligen Zeit, den Telemark und die Christiania, und selbst als er bereits über sechzig Jahre alt war, brachte er einen Jungspund auf der Abfahrt Grafenmatte zum Staunen, als der ihn mit »alter Herr« ansprach. Mit einer Christiania blieb Karl im Tiefschnee vor ihm stehen.

»Meinen Sie mich?«

»Jetzt nicht mehr!«

Karl war also auch im *Feldbergerhof* ein gerngesehener und ständiger Gast. Er war gleichermaßen beliebt und berüchtigt für seinen Humor und seine Scherze. Seine Winterbilder wurden so beliebt, daß sie internationale Liebhaber fanden. Gäste aus Neuseeland, Kanada, England, Frankreich kauften seine Gemälde, die er im *Feldbergerhof* ausstellte, und nahmen sie zur Erinnerung mit. Mehr und mehr wurde dadurch auch sein »Molerhüsli« zum Anziehungspunkt. Es wurde chic, beim Karle zu sitzen, und immer mehr Männer und Frauen nahmen den beschwerlichen Aufstieg, im Sommer zu Fuß, im Winter auf Skiern, auf sich. Es kamen Industrielle und Erfinder wie Ernst Sachs und Ernst Heinkel, Künstler wie Erich-Emmo Rosteutscher, Dichter und Schriftsteller wie Kasimir Edschmid und Hermann Burte, Ingenieure der Motorradfabrik Maico und natürlich der Flugzeugpionier August Euler, der selbst auf dem Feldberg, in der Nähe des *Feldbergerhofes,* wohnte und im übrigen den allerersten Flugzeug-Führerschein, die Nr. 1, besaß.

Am »Molerhüsli« mit achtzehn: verliebtes Happening mit Erich und Harald

Wenn er von seiner Krachledernen genug hatte und das Wetter nicht mehr mitspielte, meist im Frühjahr und im Herbst, fuhr er entweder zu seiner Familie nach Freiburg oder verreiste für längere Zeit nach Italien. Er suchte sich in Rom oder Venedig oder sonstwo ein passendes Hotel, trug nur noch Maßgeschneidertes und genoß jede Sekunde. Er war ein echter Lebemann. Ich habe in der Zeit, als ich noch für das Fernsehen arbeitete, für den Südwestfunk eine Dokumentation über ihn gedreht, die den Titel »Karl Hauptmann – Der Feldbergmaler und die Kunst zu leben« trug, und ich denke noch heute, daß ihm dieser Titel gefallen hätte.

Schüleraustausch mit Cluses: Verschnaufpause vor der UNO in Genf (1973)

Wie schon gesagt, er hatte große Ohren. Die haben wir alle, selbst mein Vater und meine Mutter und meine Tochter. Nur meine Schwester trägt sie eine Nuance kleiner, dafür stehen sie mehr ab. Noch mehr... In unseren Grundzügen sind wir ein harmonievoller und zäher Menschenschlag. Während des Krieges versorgte meine Mutter als junge Frau ihren späteren Schwiegervater. Sie lebte acht Jahre lang mit ihm auf dem Berg, und das hieß auch, daß sie sich oft mit bis zu 30 Kilogramm schweren Rucksäcken durch Wind und Wetter, Schnee und Regen, zu Fuß oder auf Skiern die unendlich vielen Kilometer zum Hüsli durchkämpfte. Nicht selten, um dann oben mit anzusehen, wie Karl bedürftigen Mitmenschen davon abgab und so manches den von meiner Mutter so mühsam bezwungenen Weg wieder hinunterwanderte. Unsere Mutter war und ist bis jetzt ins hohe Alter hinein eine Bergziege. Mit achtzig fuhr sie noch mit uns auf die Galapagosinseln und erwanderte sie sich in Fußmärschen bis zu sechs Stunden. Sie liebt die Natur und vor allem die Tiere. Was mein Vater mit seinen Burgen hatte, hatte meine Mutter mit ihren Vierbeinern. So kamen sie sich nicht in die Quere, und ich kann mich in meinem Elternhaus auch nur an einen einzigen Streit zwischen meinen Eltern erinnern, aber an unzählige Katzen und Hunde, die bei uns – meist vorübergehend – ein Zuhause gefunden haben, bis unsere Mutter sie an einen guten Platz weitervermitteln konnte. Zwei Landschildkröten sind ihr allerdings geblieben. Eine, die ein Freund in Griechenland angefahren hatte und nicht verletzt liegenlassen wollte, und eine weitere, die ein Nachbarjunge, unheilbar an einem Hirntumor erkrankt, meiner Mutter mit der Bitte übergab, sie niemals herzugeben. Das ist jetzt etwa 30 Jahre her. Gerhard ist schon lange tot. Die Schildkröte lebt noch heute bei meiner Mutter.

Meine Schwester Karin und ich sind in einem Nest aufgewachsen. Wohlbehütet und geliebt, nie gab es Krach, um uns herum spürten wir Harmonie. Keine Gewalt, kein böses Wort. Es war klar für mich, daß ich auch meiner Tochter so etwas bieten wollte. Ein Nest, Vater und Mutter, behütetes Aufwachsen. Nur, als sich Valeska anmeldete, war ich nicht darauf gefaßt. Mein Leben entsprach keinen Millimeter weit dem Leben meiner Eltern. Ich war bei SWF 3, machte Radio, produzierte und filmte zur gleichen Zeit für den Hessischen Rundfunk eine Serie mit 27 Folgen. »Pp – Prominenz privat«, die ich auch noch selbst moderierte. Eben hatte ich den neuen Vertrag über die nächsten Folgen unterschrieben, und jetzt war ich schwanger. Unverhofft wie einst Maria. Zunächst geriet ich leicht in Panik, dann beriet ich mich mit meinem Arzt, nach dem ersten Ultraschallbild

Doris, die Freundin fürs Leben – mit sechzehn gemeinsam an der Riviera

Volle Kraft voraus am Neuchâteler See (1970)

fühlte ich mich wie das größte Weltwunder, und schließlich war sie da, meine Valeska. Knuddelig und süß, nachts schlief sie durch, und tagsüber war sie sehr lebendig. So lebendig, daß ich nicht mehr zum Arbeiten kam. Wie auch? Ins Studio nach Baden-Baden konnte ich nicht mehr, mit dem Baby auf dem Arm, und Filmemachen war genauso unmöglich. Für den Anfang hatte ich mir ein Jahr Babypause verordnet, denn wenn schon ein Kind, dann wollte ich ihm zumindest ein ganzes Jahr ungeteilte Aufmerksamkeit gönnen und es nicht gleich wieder abgeben. Das hieß aber auch: ein Jahr kein Einkommen, vom Ersparten leben. Man geht's locker an, bis man feststellt, was so ein Baby kostet. Und der Vater hielt sich zurück. Er, der sein Vermögen sichtbar spazierenfuhr und in mehreren Banken gebunkert hatte, wurde vom Richter gefragt, ob er sich 230 DM im Monat wohl leisten könne. Wo der Rest für den Unterhalt des Kindes, laut Statistik durchschnittlich 1000 DM im Monat, herkommen sollte, fragte der Richter nicht. Schon gar nicht die Mutter.

Später, als ich bei »III nach neun«, einer Talkrunde auf N 3, mit Gerhard Schröder zusammentraf und ihn wegen seiner Trennung von Hillu aufzog, drohte ich ihm spaßeshalber damit, Familienministerin zu werden, sollte er je Kanzler sein. Ich fühlte mich damals tatsächlich dazu berufen, denn ich hatte am eigenen Leib gespürt, wo es in unserem Staat überall im argen liegt. Vielleicht mag es in größeren Städten möglich sein, sein Kleinkind stundenweise gut unterzubringen. Bei mir war es das nicht. Um in meinem Beruf am Ball zu bleiben oder gar wieder etwas aufzubauen, reichten drei Stunden am Nachmittag nicht aus. Und mit dem, was ich in dieser Zeit hätte erarbeiten können, ließ sich keine Fachkraft bezahlen. Es war also ein Teufelskreis. Bekam ich keine Betreuung für mein Kind, konnte ich nicht voll arbeiten. Mit meiner verminderten Arbeitsleistung ließ sich aber keine Fachkraft bezahlen. Auch die Kindergärten sind mir viel zu unflexibel. Was machen Frauen mit Schichtdienst? Krankenschwestern mit Nachtdienst, Polizistinnen – überall gibt es Frauen, die auch nachts arbeiten müssen. Ich begriff in dieser Zeit sehr deutlich, daß Deutschland noch immer das Land der Patriarchen ist. Frauen mit Kindern haben zu Hause zu bleiben. Alle

Mal wieder ein Gips ...
1981 in Allensbach

Möglichkeiten, dies zu ändern, werden politisch nicht ernsthaft erwogen. Ich habe damals im »stern« vorgeschlagen, unsere Kleinen, vom Baby bis zum Kindergartenkind, bei einer Bundestagsdebatte abzugeben. Morgens jedem der Abgeordneten einen Balg auf den Tisch zu setzen, mit dem Hinweis: »Halten Sie mal. Ich bin in acht Stunden wieder da!« Ich bin sicher, es würde etwas bewegen.

Valeska im Juni 1991 – »Du bist zu schnell gerannt für das Glück. Jetzt, wo du müde wirst, holt das Glück dich ein.« (Friedrich Nietzsche)

In unseren Nachbarländern ist es keine Schande, wenn die Kinder in Kinderkrippen oder Kindergärten rund um die Uhr versorgt werden. Zum Abendessen abgeben, zum Frühstück holen, dann kann die Mutter ihren Nachtdienst machen, verdient etwas und hat auch noch etwas von ihrem Kind. Und tagsüber muß sie keine Herzattacke bekommen, wenn sie verspätet aus dem Büro kommt, weil noch eine dringende Arbeit erledigt werden mußte, und sie ihr Kind vor dem Kindergarten auf der Straße stehen sieht. Viele unserer Sozialfälle, vor allem die der alleinerziehenden Mütter, sind hausgemacht. Auch mir blieb nur: Aufstieg oder Niedergang. Ich habe dank einer Redakteurin beim Hessischen Rundfunk wieder Fuß gefaßt. Sie ließ mich alle Vorbereitungen zu Hause erledigen, dann flog ich für zwei Tage zum Drehen, zum Schnitt nahm ich Valeska mit nach Frankfurt. Sie hatte Vertrauen, setzte sich für mich ein, und ich werde ihr das nie vergessen. Es war mein Start zurück in den Beruf und ins Leben.

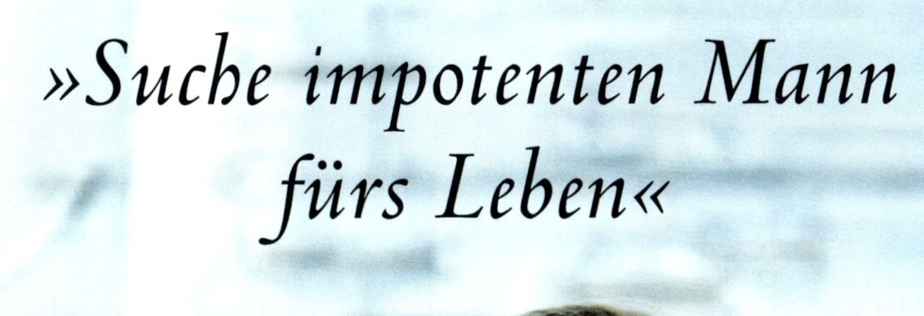

»Suche impotenten Mann fürs Leben«

Warum erzähle ich das? Ich versuche die Grundsteine für die Beantwortung der Fragen zu legen, die mir immer wieder gestellt werden. Ganz oft heißt es:

Wo nur nehmen Sie Ihre Kraft her? Wie sind Sie geworden, wie Sie sind?

Es wurde mir einiges mitgegeben. Vor allem Liebe und die Fähigkeit, Situationen und Entwicklungen positiv zu sehen. Für meine Mutter gab es früher zunächst einmal nichts Schlechtes, zumindest nicht von vornherein. Und wenn es doch eingetreten war, war es klar, daß sich die Dinge auch wieder zum Guten wenden würden. Der Glaube ans Gute hat mich streitbar gemacht. Wenn die Menschen um mich herum nicht so waren, wie ich sie gern gehabt hätte, warf ich mich zu ihrer Bekehrung ins Zeug. Mit den Jungs ging das früher nur durch pure Krafteinwirkung. Was habe ich mich in meinen jungen Jahren herumgeprügelt. Als man mich als Zehnjährige zur Erholung und zum Zunehmen an die Ostsee in ein Erholungsheim schicken wollte, lachte sich unser Arzt Dr. Wohlrabe vor unserer Haustür schräg, denn ich lag gerade auf dem Trottoir auf einem älteren und stärkeren Nachbarjungen und hielt ihn am Boden fest. Kraft war wichtig, durch Armdrücken wurde die Hierarchie festgelegt. Ich wollte immer mindestens so kräftig und stark sein, daß ich mich vor Schwächere stellen konnte.

Mir wurde einiges mitgegeben. Vor allem Liebe und die Fähigkeit, Situationen und Entwicklungen positiv zu sehen.

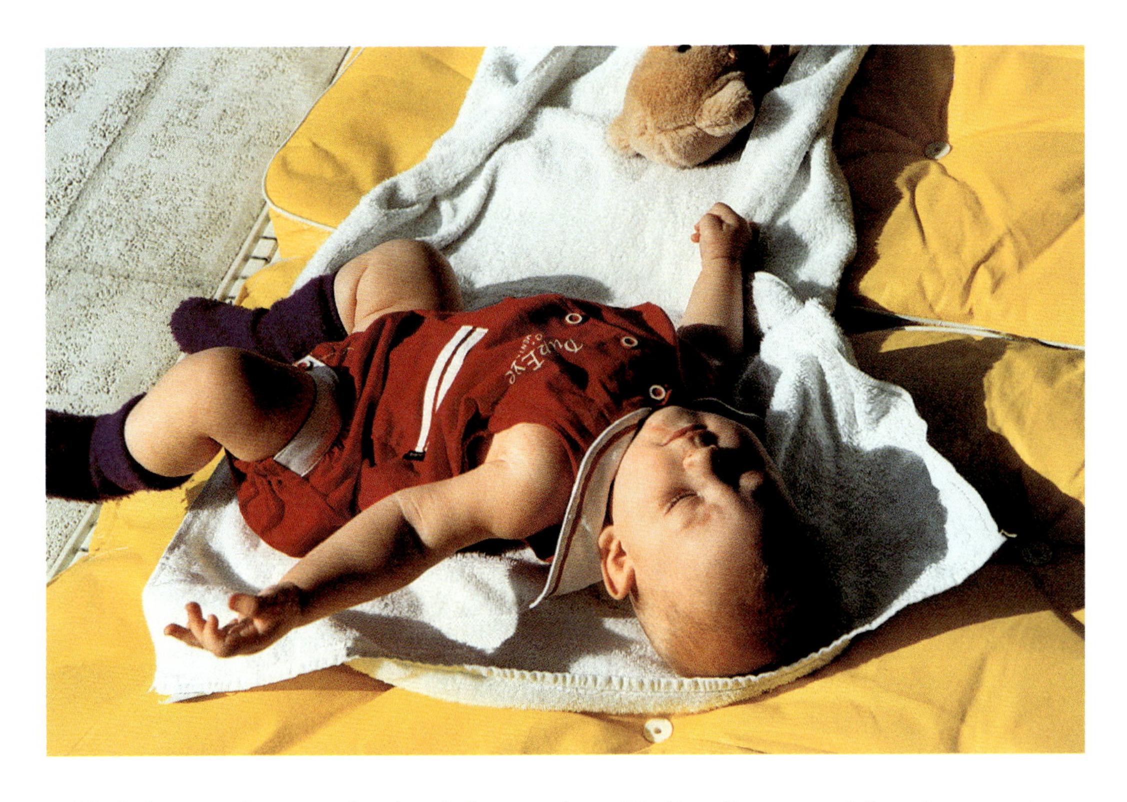

Valeska, sechs Monate alt – Sonnenbad in Florida

Und dann gab es noch eine Lehre meiner Mutter: Solange du hast, gib, und solange du jemanden beschützen kannst, tu's! So kam ich auch zu einer meiner ersten Freundinnen. Sie war mit mir eingeschult worden und wurde wegen ihres Gewichts von den anderen aufs Bösartigste gehänselt. Wer ihr etwas Schlechtes wollte, bekam es mit mir zu tun. Ich war nicht Winnetous Schwester Nscho-tschi, sondern Winnetou selbst. Übrigens der einzige Mann, den ich jemals heiraten wollte. Damals war ich sechs Jahre alt. Ich war das allererste Mal im Kino und verging fast, als ich ihn auf seinem Rappen Iltschi sah. Vor wenigen Jahren lernte ich Pierre Brice kennen. Wir drehten bei ihm zu Hause, in der Nähe von Paris, ein Portrait, und ich erzählte ihm meine Kindheitsträume. Er fand es lustig, ich auch, trotzdem denke ich, daß seine

Rolle etwas auf mich abgefärbt hat. Möglicherweise unbewußt. Mein späteres Pferd »Florian« war »Iltschi« zumindest äußerlich nicht unähnlich…

Also, wo hab ich's her. Von meiner Familie, von solchen Eindrücken, aber auch von einer Beziehung, die mich wohl bis heute beeinflußt. In meiner Zeit als Jungredakteurin beim SÜDKURIER in Konstanz war ich mit einem Mann zusammen, der mir damals wie der sprichwörtliche Fels im reißenden Strom erschien. Egal, was passierte, er hielt stand und trotzte den Dingen. Er ließ sich weder durch Drohungen beeinflussen, dazu war er zu stark, noch durch Schmeicheleien, dazu war er zu uneitel. Wenn ihm etwas nicht paßte, war er unnachgiebig und blieb sich selbst treu. Ich denke, das hat er mir mit auf den Weg gegeben. Zudem war er ein ausgezeichneter Journalist. Seine Art zu schreiben und zu denken hat mich fasziniert und in mancherlei Hinsicht wohl auch geprägt. Allerdings waren wir ein Paar ohne Aussicht auf eine gemeinsame Zukunft, denn wir sind unglaublich extrem. Entweder liebten wir uns besinnungslos, oder wir gingen aufeinander los. Er war Einzelkämpfer und Boxer, zudem oft auf endlosen Expeditionen im Urwald unterwegs, und er brachte mir in einer Zeit, als ich selbst begeisterte Karateka war, alles bei, was man gegen eventuelle Angreifer braucht. Wir trainierten im Wald und am Sandsack, und irgendwann verpaßte ich ihm aus Spaß – er hatte mich auf offener Straße geneckt – einen solchen Schlag auf den Solarplexus, daß er vor mir in die Knie ging. Das war ihm in seinem Leben noch nie und ist ihm auch später nie wieder passiert. Er erzählt es heute

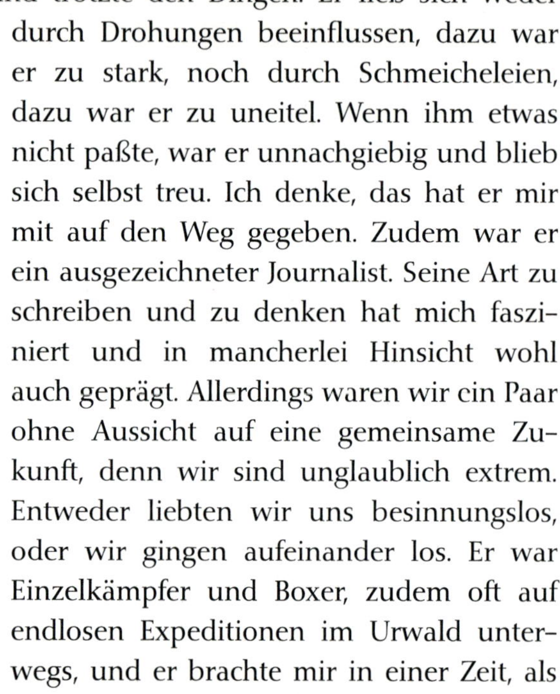

Im Garten unseres »Molerhüslis« (1993)

noch mit Staunen. Wir sind über die Beziehung hinaus gute Freunde gebleiben. Und auch er schreibt nun Bücher. Geschichten, die mir gut gefallen, Geschichten wie er selbst: humorvoll, spitzfindig, stark, hintergründig.

Weihnachten 1993

Von meinem Buch »Suche impotenten Mann fürs Leben« erfuhr er 1995. Natürlich hat ihn das neugierig gemacht, und er wollte wissen, was »seine Kleine«, wir waren zu diesem Zeitpunkt bereits seit etwa 12 Jahren getrennt, wohl so geschrieben hatte. Er ging also in eine Buchhandlung und hoffte, mein Buch irgendwo liegen zu sehen, schließlich ist der quietschgelbe Umschlag mit der Frau, die über ihren Brillenrand hinweg zwischen Männerbeine schielt, ja ziemlich auffallend. Das wäre ihm lieber gewesen, als danach zu fragen, denn der Titel – er steht dazu – war ihm einigermaßen unangenehm. Wie konnte eine, die mit ihm zusammengewesen war, einen impotenten Mann suchen. Es war unbegreiflich. So schaute er sich also eine Weile um, fand aber nichts, entdeckte dafür ein männliches und somit eher seltenes Exemplar von Buchhändler. Den fragte er nach dem »gelben Buch vom Piper Verlag«. Der Angesprochene, ebenfalls peinlich berührt, versicherte sofort leise, daß dieses Buch dagewesen, jetzt aber wohl ausverkauft sei. Er könne aber im Computer nachschauen, wann eine weitere Lieferung käme. Das habe dann den Vorteil, daß man das Buch vom Stapel nehmen und das Cover umgedreht zur Kasse tragen könne. Walter war einverstanden, und gemeinsam schlichen sie durch den Saal zum Computer, suchten

Rechte Seite:
Mit Mutti und Freundin Selina
im »Molerhüsli«

lange unter »Männer« und fanden schließlich heraus, daß die bestellten Bücher in etwa drei Tagen zu erwarten seien. Man verabschiedete sich mit einem Verschwörerblick. Doch als Walter wiederkam, nicht nach drei, sondern erst nach sieben Tagen, war schon wieder keines mehr von diesen gelben Büchern zu sehen. Er suchte nach dem Buchhändler, aber auch der war nicht da. Die Situation war nicht nach seinem Geschmack, aber er wollte die Sache jetzt durchfechten und befragte darum ein weibliches Wesen nach dem »gelben Buch vom Piper Verlag«. Sie leitete die Frage postwendend und lautstark an eine Kollegin weiter: »Inge, weißt du, ob der impotente Mann noch da ist?« Walter schwört, daß sich alle Kunden nach ihm umgedreht hätten. Die Situation besserte sich für ihn auch nicht, als sie im Computer nachschaute. »Und weißt du, worunter sie gesucht hat?« fragtc cr mich spätcr und schüttelte dabei ungläubig den Kopf. »Direkt unter Impotenz! Eine Frechheit!«

Valeska mit »Silbermedaille«
am Arlberg …

Mit dem Titel hatten manche Probleme. Immer wieder erzählten mir Leserinnen von ihren Erfahrungen. Eine berichtete, wie sie an der Ostsee am Strand liegend in dem Buch las und ihr Freund sie am zweiten Tag bat: »Kannst du das nicht mal weglegen, die Typen schauen schon alle so mitleidig!«

Oder: Eine Frau sitzt im Zug und beobachtet eine andere, die den »Impotenten Mann« liest. Schließlich fragt sie die Leserin nach ihrer Meinung über dieses Buch, das sie selbst schon gelesen hatte. Ganz schnell fanden sie dabei folgendes heraus: Die Frauen vor ihr und neben ihr

konnten auch mitreden. Schließlich stellten sie sich zu einem Gruppenbild mit Buch zusammen und schickten es mir.

Es gibt Frauen, die berichten mir bei meinen Lesungen, daß ihre Männer nichts davon wissen dürfen und daß sie meine Bücher unter Verschluß halten, um keinen Krach heraufzubeschwören. Und es gibt Frauen, die ihre Männer zu den Lesungen mitbringen, und bis jetzt haben alle die Stätte des Grauens wieder lebendig verlassen. Es gab aber auch Frauen, die mich nach Erscheinen des »Impotenten Mannes« nächtens anriefen, um ihre Probleme loszuwerden. Damals wurde das Telefonieren um 22 Uhr billiger. Wenn es um 22.01 Uhr klingelte, konnte ich immer davon ausgehen, daß es eine Leserin war. An ein Gespräch kann ich mich noch gut erinnern. Ich saß geschlagene zwei Stunden auf dem Badewannenrand, weil meine damals noch kleine Tochter im Zimmer daneben krank und endlich eingeschlafen war und ich sie nicht stören wollte. Diese Frau hatte in kurzen Abständen drei Kinder bekommen. Bald nach der Geburt des dritten fand sie nachts auf ihrem Bett Beate-Uhse-Spielzeug mit passender Strapsgarnitur vor. Ihr war das Ganze so widerlich, daß sie heulte. Seit dieser Zeit, sagte sie, frage ihr Mann jedesmal, wenn er nach der Arbeit nach Hause komme, ob die Kinder schon im Bett seien. Er sei aber keineswegs um ihr Wohlergehen besorgt, sondern nur schlicht darum, ob sie aus dem Weg und somit die Bahn frei für seine Gelüste sei. Einer der Fälle, bei denen Frauen zu Dingen genötigt werden, die sie nicht wollen, und trotzdem keinen Aus-

»Hanni« findet ihren Weg in die Kleinfamilie

weg sehen. »Entweder hinhalten und Frieden oder Auseinandersetzung und Krieg!« Ich habe oft gehört, mit welch unglaublicher Dominanz sich Männer an ihren Frauen austoben, sowohl physisch als auch psychisch. Unter anderem mit der Drohung: »Wenn du nicht willst, bitte. Es gibt genug andere, die wollen!« Viele trauen sich nicht, schlicht: »Dann geh doch!« zu sagen. Zuviel hängt daran, ihre Ehe, ihre Existenz, ihre Kinder. Ein Trümmerhaufen, was einst hoffnungsfroh begann und bis ans Lebensende halten sollte.

Zudem kam immer wieder der Vorwurf, daß Männer einfaches Kuscheln mit einem Vorspiel verwechseln. »Ich kann mit meinem Mann einfach nicht kuscheln«, schrieb mir eine Leserin. »Wenn dann nichts nachkommt, ist er enttäuscht! Er verwechselt Streicheleinheiten mit Sex und

Freitag, 15 Uhr. Komme von einer Lesereise zurück. Keiner da. Nur ein Zettel liegt auf der Treppe. »Bin beim Pony. Valeska.« Ich wage mich an meinen Schreibtisch heran und sehe nur Arbeit. Unglaublich, was sich in einer Woche alles ansammeln kann. Habe ich nicht kürzlich in einem TV-Interview, als ich nach meinen geheimen Wünschen gefragt wurde, gesagt, es sollen mich alle in Ruhe lassen? Hat wohl nichts genützt. Warum äußere ich mich überhaupt zu irgendwas, wenn es nachher doch keine Wirkung zeigt? Ich schleiche um die Tische herum, pflücke dort ein Fax, da einen Brief, sehe die lange Liste, die mir meine Mitarbeiterin Heidi geschrieben hat. Soll ich sie gleich lesen? Das wäre natürlich angebracht, dann weiß ich wenigstens, was gelaufen ist und jetzt ansteht. Ich könnte es aber auch verschieben. Das wäre auch angebracht. Ein strahlender Herbsttag lockt, am Wochenende soll es regnen. Ich setze Prioritäten und rufe im Reitstall an. Ich möchte mit meiner Tochter ausreiten und den Rest verschieben. Morgen ist auch noch ein Tag.

Mittagspause: Valeska auf »unserem« Reiterhof Vox bei Eggermühlen im Osnabrücker Land mit ihrem Liebling »Anton«

will's nicht verstehen. Am Ende stellt er mich immer als emotional erkaltet und frigide hin!«

Ich hätte nie gedacht, was man mit einer einfachen Geschichte alles auslösen kann. Carmen Leggs Erfahrungen als 35jährige Karrierefrau, die die Schnauze voll hat von unreflektierten männlichen Erwartungshaltungen und sich per Anzeige einen Mann zum Leben sucht, einzige Bedingung: »Intelligent und impotent«, hat in nunmehr 27 Ländern Einzug gehalten. Unter anderem in China, Lettland, Brasilien, Portugal, Japan, Griechenland und überall dort, wo es keiner für möglich gehalten hätte. Ich auch nicht.

Die Geschichte begann, weil ich 1994 einen Tag frei hatte. Zu dieser Zeit arbeitete ich vor allem für die

Fernsehunterhaltung beim Hessischen Rundfunk in Frankfurt, außerdem drehte ich Dokumentationen für den Südwestfunk. Ich war, nachdem meine 1991 geborene Tochter alt genug war, wieder voll ins Berufsleben eingestiegen. Allerdings arbeitete ich jetzt nur noch fürs Fernsehen, zurück zum Rundfunk nach Baden-Baden konnte ich nicht mehr. Mit Baby und später Kleinkind war das zu kompliziert. Ein Umstand, der mir leid tat, denn ich war wirklich gern bei SWF 3.

So saß ich also mit Kind und einem Stapel Zeitschriften in dem Garten, der zu meiner damaligen Wohnung gehörte. In Allensbach direkt am See genoß ich die Zeit, die Sonne und die Aussicht auf die Insel Reichenau und die Hegauberge. Bis mir die Erpel auffielen, die ständig eine Ente jagten. Die Ente, den Liebesbezeigungen der Erpel gegenüber sichtbar abgeneigt, fühlte sich genötigt, deren ständigen Sexattacken durch Flucht zu entgehen. So flog sie eine Runde nach der anderen, bis der sie verfolgende Erpel geschwächt war und sie in Ruhe ließ. Nicht lange, da kam der nächste, ein ausgeruhter Erpel, und das Spiel ging von vorn los. Nach unzähligen Runden, wahrscheinlich hätte die Ente ein Anrecht auf einen Eintrag im Guinness-Buch der Rekorde, war sie dann endlich zu müde, um sich noch länger wehren zu können. Jetzt fielen die Jungs gemeinsam über sie her, denn Einigkeit macht stark. Hätte ich die Möglichkeit gehabt, ich hätte diese Rowdies abgeschossen. Ganz gegen meine Gewohnheit, jeden Regenwurm

Rechte Seite: Unbeobachteter Moment: stiller Abschied vom Kindergarten (1997)

von der Straße zu retten. Und während ich zuschaute, wütend brütete, nebenher noch diverse Nachrichtenmagazine durchblätterte, die alle glaubten, das Sommerloch mit dem Thema »Impotenz« – und zwar ernsthaft – stopfen zu müssen, fiel mir plötzlich der Widersinn auf. Ich wünschte den Erpeln sechs Wochen Impotenz, dachte, daß diese Kur manchen Männern auch nicht schlecht bekäme, als kleiner Beitrag zur Besinnung auf andere Werte und zur Entdeckung neuer Fähigkeiten. Schließlich fand ich, daß ich selbst auch schon oft genug in der Situation der Ente gewesen war. Was hatte ich in meinem Leben schon Kerle abschütteln müssen, und schlagartig war die Idee da. Auf dem Weg zum Computer hatte ich bereits den Titel, eine Stunde später das Exposé und, kurz danach auch schon einen passenden Verlag herausgesucht. Da ich mich im Verlagswesen nicht auskannte und auch weder Zeit noch Lust hatte, mich jetzt noch kundig zu machen, wollte ich es dem Fischer Verlag schicken. Von dem wußte ich immerhin, daß er die Reihe »Die Frau in der Gesellschaft« herausbrachte. Schon war der Brief bei der Post, und wenige Tage später erhielt ich einen Anruf von der Herausgeberin dieser Reihe. Sie zeigte sich interessiert und bat um das Manuskript. Ich erklärte ihr, daß ich eine Idee, aber kein Manuskript hätte. Das erschien ihr etwas dürftig. Ich meinte, ich könne es ja schreiben. Sie vertraute meiner Schreibe nicht, schließlich kannte sie mich nicht. Ich hatte Ver-

Der Frauenclan Hauptmann: Karin mit Töchtern Jella (links) und Alexa, Mutti und ich mit Valeska

Laura Brodmann
Valeska Hauptmann
Selina Krasny

Valeskas neunter Geburtstag im »Mädelclub«

ständnis, aber gleichzeitig erklärte ich ihr, daß ich als freie Journalistin bis zur Fertigstellung eines Buches sicherlich verhungert sei. Volles Risiko, und das mit Kind – das konnte ich mir schlicht nicht leisten. Ich hatte die Babyjahr-Durststrecke eben erst hinter mich gebracht, an eine zweite war nicht zu denken. Daß sie mir für Ungeschriebenes nichts bezahlen konnte, sah ich ein. Wir einigten uns darauf, daß ich anfangen sollte. Sie würde dann nach den ersten Seiten einschätzen, ob es etwas tauge oder nicht. Ich dagegen sah die Möglichkeit, durch die Verschiebung einiger Drehtermine sechs Wochen freizuschlagen. Sie meinte, in sechs Wochen schreibe man kein Buch, aber ich sah es anders: Ich könnte es doch immerhin versuchen.

Sechs Wochen lang schrieb ich Tag und Nacht. Morgens um acht Uhr fing ich an, nachts um vier legte ich mich ins Bett. Es war einer der heißesten Sommer am See, um mich herum waren alle im Wasser. Freunde versuchten mich von der Arbeit wegzulocken, betreuten meine Tochter. Ich blieb im Dunkeln am Computer und ließ die Hitzetage an mir vorüberziehen. An dem Tag, als ich das Manuskript zur Post brachte, fing es an zu regnen. Es wurde kalt, und der Sommer war vorbei. Am nächsten Tag fuhr ich zu meinem Drehtermin und vergaß das Ganze.

Weihnachten fand ich ein dickes Päckchen im Briefkasten. Der Programmkonferenz sei das Büchlein dann doch aufgestoßen, erklärte das Begleitschreiben. Was würden die Betroffenen denken und die Frauen der Betroffenen, ließ man mich wissen. Ich war auch betroffen. Nicht über die Zurückgabe des Manuskriptes – mit so was muß man als Freie leben – nein, über den vertanen Sommer. Keinen einzigen Tag hatte ich genossen. Ich ärgerte mich grün und schwarz über meine elende Beharrlichkeit, den Handbohrer, den ich immer ansetze, wenn es etwas durchzusetzen gibt. Also steckte ich das Manuskript in eine Schublade und ließ es liegen.

Freitag, 18 Uhr. Manchmal sind die Berge wirklich zu hoch. Man kraxelt und krabbelt und rutscht ab, kaum daß man sich oben wähnt. Dann macht's keinen Spaß mehr, und man fragt sich, was man hier überhaupt tut. In so einer Stimmung fahre ich gerade nach Hause. Die Woche war anstrengend, zu Hause wartet Arbeit, meine Tochter übernachtet bei einer Freundin, mein Freund hat keine Zeit, irgendwie hänge ich dazwischen und fühle mich mies; energielos und lustlos. Kein Antrieb. Die CD paßt auch noch dazu. Ich schalte auf Radio um. Der Moderator erzählt gerade eine Begebenheit aus England, kurios und witzig. Ich muß lachen, rufe gleich meinen Freund an und erzähle ihm davon. Wir lachen gemeinsam darüber, und mir geht's wieder gut. So schlimm ist das alles ja nicht, denke ich mir. Ich nehme jetzt ein Bad und schenke mir einen gemütlichen Abend.

Im April fiel mir das Manuskript wieder ein. Diesmal schickte ich das Exposé – ich hatte daran keine Zeile verändert – an acht Verlage. Unter anderem an den Ullstein und den Piper Verlag. Von vieren bekam ich postwendend eine Ablehnung, vier andere zeigten sich interessiert. Ullstein und Piper schließlich so sehr, daß sie gegeneinander steigerten. Ich war nicht unglücklich darüber, fragte Utta Danella, die ich von Dreharbeiten kannte, was denn im Verlagsbusineß so üblich sei, hatte durch ihre bereitwillige Auskunft ein Grundwissen und konnte nun pokern. Schließlich entschied ich mich für den Piper Verlag. Kaum war das Buch auf dem Markt, mußte ich schon wieder eine Entscheidung fällen. Acht Produktionsfirmen meldeten sich, die das Buch verfilmen wollten. Wir entschieden uns für die Regina-Ziegler-Filmproduktion, die in Berlin sitzt und in der Zwischenzeit die meisten meiner Bücher verfilmt hat oder zumindest eine Option darauf besitzt. Auch in dem Fall war es wohl einfach eine Bauchgeschichte. Ich lernte Regina Ziegler als »toughes Weib« kennen, eine, die weiß, was sie will, die aber auch nachfragen kann, wenn dem anderen etwas nicht paßt. »Falls ich es nicht bekomme«, sagte sie mir damals, ich saß im Strandkorb vom Timmendorfer Strand, und sie rief aus Los Angeles an – das allein fand ich schon ungeheuerlich –, »dann will ich aber bitte den Grund erfahren. Schließlich lernt man immer dazu!« Ihre Art gefiel mir, denn die meisten in der Medienbranche meinen ja, sie seien sowieso schon die Größten und über ihnen flöge höchstens noch die Concorde. Ein trügerisches Bild, wie

Silvester 1997 im Edelweiß, Zürs

Rechte Seite:
Zu dritt in San Francisco
(1996)

man gesehen hat. Ihre Art paßte mir also, ihre Sprache war meine. Ich besuchte sie in Berlin und dachte mir: »Mit der kannst du!« Und so ist es geblieben. Wie mit meinem Verlag übrigens auch – mit dem kann ich auch. Jetzt bereits über sieben Bücher hinweg.

Was ist es also? Manches ist Instinkt. In meinem Fall, denke ich, eine gewisse Begabung, Dinge sehen, hören und aufnehmen zu können, gepaart mit dem schlichten Handwerk, dies auf dem Papier umzusetzen. Ich bin seit 1980 Journalistin, ausgebildet bei einer Tageszeitung. Dann gründete ich ein eigenes Pressebüro, das langsam aber sicher über sechs Jahre gedieh und mir, als ich endlich soweit war, langweilig wurde. 1987 hörte ich also in Lindau auf, weil ich von einer auf die andere Stunde das Angebot bekam, bei einem der ersten Privatsender in Deutschland mitzuarbeiten. Die Pionierarbeit bei »seefunk radio bodensee« als Chefredakteurin reizte mich. Ich kannte das Bodenseegebiet genau, die wirtschaftlichen und politischen Verhältnisse und auch die menschlichen – was ich nicht so recht konnte, war Radio machen. Bis auf Telefonbeiträge für den Südwestfunk oder den Bayerischen Rundfunk hatte ich zu der Zeit noch nichts mit dieser Technik zu tun gehabt. Aber genau das reizte mich. Zeitung kannte ich, fotografieren konnte ich auch. Es war Zeit für neue Eroberungen. Der Sprung ins kalte Wasser, das war es, was mich herausforderte. Und so kehrte ich nach Konstanz zurück. Da zeigte sich eine weitere Begabung. Ich kann unglaublich gut abgucken. Das habe ich wahrscheinlich in der Schule so ausgiebig trainiert, daß es mir fürs ganze Leben hilft.

Auf großer Galapagos-Fahrt in der kleinen »Tiptop«

Wie ein Affe speichere ich Dinge, die mir andere vormachen, und wenn ich lange genug zugeschaut habe, kann ich's auch, zumindest in Ansätzen. Die Begabung kam mir auch später beim Fernsehen zugute. Zunächst war ich Autorin, dann auch die Regisseurin meiner Beiträge und zeitweilig die Produzentin. Nie im übermäßig großen Rahmen, aber dennoch ausbaufähig.

So kommt bei meinen Büchern alles, was ich im Leben gelernt, gesehen und gespeichert habe, zusammen. Ich hab das Handwerk aus dem Journalismus, ich habe das Training, gegen die Uhr zu arbeiten – zehn Jahre aktuelle Arbeit bei Tageszeitungen und Rundfunk prägen –, und ich habe wohl die Begabung meines Vaters, Geschichten zu erzählen. Das ist auch das, was ich immer wollte.

1977 als freie Mitarbeiterin bei der Badischen Zeitung in Villingen

Als ich von SWF 3 weg bin, 1991, kurz bevor Valeska auf die Welt kam, habe ich gleichzeitig mit der aktuellen Berichterstattung abgeschlossen. Beim Hessischen Rundfunk wurden mir Themen gestellt, die ich filmisch umsetzte. Das hat mir gefallen, denn gefordert war zunächst die Phantasie, aus dem Thema etwas zu machen, und dann die Fähigkeit, das Ganze bildlich in Szene zu setzen.

Ermöglicht wurde der Neustart beim Hessischen Rundfunk durch das Vertrauen eines Redakteurs, und später, in einer anderen Abteilung, der Fernsehunterhaltung, einer Redakteurin. Mit ihr arbeitete ich lange zusammen. Sie war es auch, die mir die Möglichkeit gab, als alleinstehende Mutter wieder Geld zu verdienen. Eine Frau, die eine Frau unterstützte. Nichts von der Stutenbissigkeit, die uns von Männern so oft vorgeworfen wird. Ich denke manchmal, solche Unterstellungen sollen wie ein Schutzschild wirken, der von Ellenbogenmentalität, dem Peter-Prinzip und dem heimlichen Stühlesägen unter männlichen Kollegen ablenkt. Ich zumindest habe in der ganzen Zeit keine einzige Kollegin erlebt, die mir entgegengearbeitet hätte. Es war stets ein Miteinander, vor allem in dem Wunsch, gemeinsam ein gutes Produkt zu machen. Und das geht eben nur, wenn alle gut sind und wenn man die Fähigkeiten des anderen anerkennt.

Dienstag, 9 Uhr. Ein Fax aus der Türkei. Eine Frau macht sich Gedanken über mein Buch »Ein Liebhaber zuviel ist noch zuwenig«. Ich finde ihre Gedankengänge und den spielerischen Umgang mit ihren eigenen Möglichkeiten spannend. Sie schreibt, daß sie mit Vergnügen jedes neue Buch von mir liest. Das freut mich natürlich, und außerdem geben mir solche Worte den Antrieb weiterzuschreiben. »Als erfolgreiche Vierzigerin überlegt man natürlich, wie man alles ohne Ehemann managen würde. Und wie wäre es mit einem Liebhaber? Sonst legt man ein Buch, nachdem man es ausgelesen hat, aus der Hand und fängt das nächste an. Doch bei Ihren Büchern kommt man ins Grübeln ...«

Seit meiner Zeit beim Hessischen Rundfunk durfte ich nun Geschichten erzählen. Und das ist ja schlußendlich auch das, was ich mit meinen Büchern tue. Es war nie mein Ziel, eine große Schriftstellerin zu werden. Ich wollte einfach nur Geschichten erzählen. Geschichten, die unterhalten. Geschichten, die das Leben widerspiegeln. Möglicherweise auch Geschichten mit einem gewissen Aha-Effekt. So ist es, und da siehst du's. Oder, wie der »Spiegel« schrieb: »Endlich sagt mal eine auf die witzige Tour, wie es wirklich ist.« Das ist auch der Grund, weshalb mich die Kritik der sogenannten literarischen Feuilletons nicht anficht. Nicht anfechten kann. Sie verkennen meine Motivation. Und auch wenn Frauenverbände meinen, ich würde ihre Sache verraten, dann frage ich mich: Was ist ihre Sache? Und wessen Sache? Jede Frau lebt ihr eigenes Leben, und jede Frau versucht, daraus das Beste zu machen. Wenn sie Spaß an meinen Büchern hat oder für sich etwas herausnehmen kann, wo liegt da dann der Verrat?

Phrasen haben noch selten geholfen, auch wenn sie noch so gut gemeint sind. Sie erreichen die Frauen nicht. Dagegen ist der Frau doch dann gedient, wenn sie mit demjenigen, um den es geht, privat meist mit dem Partner oder beruflich dem Chef, reden kann. Und zwar ohne festgezurrte Ansichten und eiserne Bastionen. Annäherung ist nur dann möglich, wenn beide an einer Brücke interessiert sind und beide auch daran bauen. Und ich denke, daß mir dies mit meinen Büchern gelungen ist. Immer wieder höre ich von Frauen, daß sie mit ihren Männern Probleme ansprechen konnten, von denen sie nie richtig wußten, wie sie es vermitteln sollten, ohne gleich verletzend zu sein. Über die Kommunikationsbrücke Buch geht das, und zwar, weil man gemeinsam darüber lachen kann. Wenn ein Mann über Peter im »Impotenten Mann« lachen kann, hat er auch kein Problem mehr, wenn sie ihn mit, »Ach schau mal an, mein kleiner Peter«, neckt. Er weiß, was gemeint ist. Humor öffnet die Türen, Anklage und Kraftmeierei hingegen nicht.

Mario Adorf fällt mir wieder ein und der Glaube seiner Mutter, daß er es schafft. Unwichtig was, aber er wird es schaffen. Sie stand immer voll hinter ihm. Und ich denke, mehr kann man einem Kind nicht mitgeben. Ich sehe es jetzt an den Altersgenossen meiner Tochter. Wie ernsthaft sich Eltern mit den kleinsten schulischen Problemen auseinandersetzen, ist mir unbegreiflich. Alles wird gleich zur Katastrophe, und das Kind steht ratlos mittendrin. Ich bin meinen Eltern wirklich dankbar, daß sie mich, was meine schulische Laufbahn anging, völlig in Ruhe ließen. Mir wurde früh erklärt, daß ich nicht für meine Eltern, sondern nur für mich selbst lerne, und das hat mir irgendwie eingeleuchtet. Wenn sich andere aus Trotz gegen ihre Eltern mit einer Sechs schmückten, hatte ich das schlicht nicht nötig. Meine Eltern hätten eine schlechte Note nie als Kampfmittel gewertet. Schon deshalb nicht, weil ihnen meine Zeugnisse egal waren. Ich weiß noch, wie ich meinem Vater immer damit hinterherrennen mußte, bis er sie endlich gelesen und unterschrieben hatte. Und ich weiß noch, wie er aufs Rektorat gebeten wurde, weil ich mal wieder aus der Rolle gefallen war, und er dort erklärte, daß dies ausschließlich meine Sache sei. Ich sei alt genug. Auch als man mich zwischen schriftlichem und mündlichem Abitur zwangsbeurlaubte, brachte das bei uns zu Hause keinen aus der Fassung. Ich bekam den Wagen und fuhr für die verordneten 14 Tage ins »Molerhüsli«.

Annäherung ist nur dann möglich, wenn beide an einer Brücke interessiert sind und beide auch daran bauen.

Ich war früh für mich selbst verantwortlich. Egal, was ich machte, die Konsequenzen hatte ich selbst zu tragen. So war ich natürlich auch begehrt, weil ich im Sommer oft allein zu Hause war. Meine Eltern – mein Vater war zu dieser Zeit bereits pensioniert – verbrachten den Sommer

*Rechte Seite:
Meine beiden Wachhunde –
noch ohne Maulkorbverordnung*

auf dem Feldberg, und ich verfügte über unser Haus in Trossingen. Meine Schwester studierte. So lebte ich dann allein, sozusagen als jugendliche Selbstversorgerin. Das hatte natürlich zur Folge, daß alle meine Kameraden, die zu Hause bei ihren Eltern nie so richtig feiern durften, so lange abends bei mir herumsaßen, bis ich auf den Trichter kam, daß ich die Blöde war. Einkaufen und saubermachen, das waren mir die Parties auf Dauer nicht wert. Ich schränkte die Besuche ein.

Irgendwann brachte mir die Polizei einen herrenlosen Schäferhund, der ein solches Prachtexemplar war, daß sie ihn nicht extra 30 Kilometer weit ins Tuttlinger Tierheim fahren wollten. Sie waren es gewöhnt, daß meine Mutter Tiere aufnahm, und sie waren sich sicher, daß der Besitzer den Verlust sofort bei der hiesigen Polizei anzeigen würde. Es könne sich also nur um wenige Stunden der Beherbergung handeln. Sobald die Vermißtenanzeige einginge, würden sie sich bei mir melden. Es kam keine, und so waren wir dann zu zweit.

Ich war früh für mich selbst verantwortlich. Egal, was ich machte, die Konsequenzen hatte ich selbst zu tragen.

Wenn meine Tochter heute gegenüber Journalistinnen von Frauenzeitschriften behauptet, sie erziehe sich selbst, dann denke ich, daß das für mich auch zugetroffen hat. Das Rüstzeug habe ich bekommen, zum Beispiel Nächstenliebe, Großzügigkeit, Toleranz, aber ich wurde in keiner Weise gegängelt. Selbst der häufige Wechsel meiner Musikinstrumente – wir lebten schließlich in Trossingen, und Musik war wie's Beten in anderen Gemeinden – ließ die Eltern unbeeindruckt. Bloß, als ich nach dem Klavier auch noch eine Gitarre wollte, beschränkten sie sich bei der Anschaffung auf eine billige Wandergitarre, bis sie sicher waren, daß ich nun »mein« Instrument gefunden hatte. Wobei ich

8a

Freitag, 13.00 Uhr. Ich gehöre blöderweise zu den Deutschen, die sich nicht richtig freuen können, weil sie immer glauben, daß, sobald sie sich über etwas freuen, der Grund zur Freude auch schon futsch ist. Nach der Eins in Mathe schreibt man garantiert eine Sechs, weil man sich zu doll gefreut und dadurch den Neid der Götter herausgefordert hat. Über meinen ersten Platz auf der Bestsellerliste der »Zeit« habe ich mich beispielsweise tierisch gefreut. Prompt sank ich auf Platz fünf. Hab sofort mit der Freude aufgehört und war wieder auf zwei.
Keine Ahnung, woher das kommt, aber über große Dinge freut man sich nicht. Basta. Dafür darf man sich über die kleinen Dinge ungestraft freuen. Das war schon in der Kindheit so. Wenn die Luft aus dem Fahrradreifen des Nachbarjungens zischte, weil ein Reißnagel drin steckte, lagen wir johlend hinter der Ligusterhecke, nicht, weil wir schadenfroh gewesen wären oder gar die Verursacher, sondern weil es ein kleiner Anlaß zu großer Freude war. Vor allem, wenn der Kerl uns Mädchen zuvor auch noch geärgert hatte. So zelebriere ich auch heute die Kunst der kleinen Freude. Das hat den Vorteil, daß man sich ständig über etwas freuen und sich damit belohnen kann. Wenn ich meinen Bronzehund vor der Haustür mal wieder nicht angefahren habe, obwohl ich schon seit drei Jahren damit rechne, daß ich es irgendwann einmal tue, oder wenn ich einen Beleg aus der Tiefe meiner Brieftasche zaubere, den wir längst verloren glaubten und jetzt endlich abrechnen können. Weil wir im Belohnen großzügig sind, sind wir Frauen in diesem Haushalt uns dann immer schnell einig, daß jetzt mindestens ein Eisbecher oder ein Glas Sekt ansteht, je nach Jahres- und Uhrzeit kann es auch ein Glas Sekt oder ein Eisbecher sein. Wir sind da nicht so.

auch in dieser Richtung eher meinem Vater nachschlug. Er war eines der getriezten Kinder, bei denen Klavierunterricht zum guten Ton gehörte. Doch er hatte das Glück, daß seine Mutter völlig unmusikalisch war. So setzte er sich brav mit seinen Etüden ans Klavier, während sie aufmerksam im Nebenraum weilte. Was sie dann allerdings zu hören bekam, war frei aus der Luft gegriffen, weil er unter seinen Etüden die Comics versteckt hatte, die er nun während des Spielens las. So trainierte er fürs Leben und spielte über all die Jahre aus dem Stegreif Mundharmonika, Melodika, Klavier oder Akkordeon. Je nach Laune bis zum Tango, ohne jemals Noten dafür zu brauchen.

Das Schlimmste, was man mir antun konnte und kann, ist Zwang. Egal in welcher Form, sobald ich etwas tun muß, tu ich's nicht. Freiwillig dagegen tu ich mehr, als ich muß. Möglicherweise ist das ebenfalls eine Zugabe meiner Eigenerziehung.

Zwischen zehn und achtzehn Jahren war ich mehr im Reitstall als sonstwo. Drei Freundinnen und ich übernahmen teilweise die Verantwortung für einen kleinen Stall voller Vereinspferde. Wir standen früh auf, wir fütterten und misteten vor der Schule, putzten und sattelten danach und ritten täglich bis zu vier Stunden die Privatpferde der Leute, die Geld, aber keine Zeit hatten. Kurz, wir lebten im Stall, fügten uns einer selbstauferlegten Disziplin, verdienten bei Sonntagsdiensten von sechs bis zwanzig Uhr zwanzig Mark, fühlten uns für alles verantwortlich und zuständig und waren auf jedem Turnier, zu dem man uns mitnahm. Hans Trümper, unser Französischlehrer am Gymnasium, der unglücklicherweise in der Nähe des Reitstalles wohnte, bemerkte einmal, ich sollte besser Vokabeln lernen, als immerzu im Reitstall zu sein – womit er zweifellos recht hatte. Also stellte ich mein Mofa nicht mehr vor, sondern hinter dem Reitstall ab.

Das Schlimmste, was man mir antun konnte und kann, ist Zwang. Egal in welcher Form, sobald ich etwas tun muß, tu ich's nicht.

In diesen frühen Jahren lernte ich auch, was Protz und Angeberei bedeuten, wie immens geizig Reiche sein können und daß es in Vereinen keine Ehen von Bestand gibt, oder zumindest kaum verheiratete Männer, die nicht die jungen Mädchen anbaggerten. Gewissermaßen ein Rüstzeug für bissige Bücher. Trotzdem oder gerade deshalb schrieb ich mein erstes vollständiges Buch über die Reiterei. »Schreib über das, was du aus eigener Erfahrung kennst«, sagte mein Vater, wenn ich ihm mal wieder einen meiner unvollendeten Ritterromane schenkte. Das probierte ich aus und schrieb das Buch, das ich in diesem Alter gern selbst gelesen hätte. Ich hatte mich geärgert, daß es entweder Ponygeschichten gab oder Sachbücher. Doch zwischen Pony und Hufkrankheit und dem »So verdient man sich die Sporen« klaffte meiner Meinung nach eine beträchtliche Lücke. Ich kannte mich aus, ich wußte, was ich zu schreiben hatte, also schrieb ich. »Alexa – die Amazone« fand damals ihre Nische zwischen Jugend- und Sachbuch. Es wurde erstmals 1994 beim FN-Verlag, dem Verlag der Reiterlichen Vereinigung, aufgelegt. In der Zwischenzeit ist es bei Weltbild neu erschienen und wartet auf meine neunjährige Tochter, die natürlich ebenfalls im Reitstall wohnt.

In frühen Jahren lernte ich schon, was Protz und Angeberei bedeuten.

»Alexa – die Amazone« war damals auf dem Markt, fiel aber nicht besonders auf. Ganz im Gegensatz zum »Impotenten Mann«. Richtig deutlich wurde mir das zum erstenmal in Baden-Baden. 1995 stand ich kurz vor Weihnachten in einer Buchhandlung und suchte ein Liederbuch, weil wir zwar immer gern zu Weihnachten singen, aber ständig die Texte vergessen. Nachdem ich ein besonders lesbares Exemplar gefunden hatte – Großbuchstaben für schummriges Kerzenlicht – und mich in die Schlange vor der Kasse eingereiht hatte, fiel mir eine Frau vor mir auf, die sage und schreibe fünf meiner gelben Bücher im Arm trug. Ich traute zunächst meinen Augen nicht. Nach einer Weile aber begriff ich es, und mein Herzschlag beschleunigte sich ums Zehnfache. Unglaublich, fünf Bücher! Ob ich mich wohl zu erkennen geben und ihr eine Widmung anbieten sollte? Ich kam mir allerdings albern vor, so nach dem Motto: »Hallo, Sie, ich bin's!« Also ließ ich es. Doch beim Herausgehen lief sie vor mir die Treppe hinunter. Kurz vor der Tür zur Fußgängerzone – es war bitterlich kalt, und draußen spielte ein Leierkastenmann – überwand ich mich dann doch. Schließlich war es ja möglich, daß sie sich über eine Widmung freuen würde. Ich klopfte ihr zaghaft auf die Schulter. »Entschuldigen Sie, ich kann Ihnen auch etwas hineinschreiben!«

Mein erstes eigenes Buch war das Buch, das ich in dem Alter gern selbst gelesen hätte.

Sie blieb stehen und musterte mich. Eine junge Frau mit hellen Augen. »Sie?«

»Ja!« Ich stockte. »Ich bin zufälligerweise die Autorin…«

Sie nahm ein Buch in die Hand, begutachtete mein etwas verschwommenes Foto auf der Rückseite, verglich und schwieg.

»Ich kann Ihnen auch meinen Ausweis zeigen«, schlug ich vor.

»Ehrlich?«

»Ehrlich!«

»Da, halten Sie mal!« Mit einer knappen Bewegung drückte sie mir alle meine Bücher in die Hand, drehte sich um und ging in den Laden zurück. Ich war völlig perplex, stand eine Weile unentschlossen herum und setzte mich dann in der Kälte neben den Leierkastenmann auf die

Bank. Er nickte mir freundlich zu, in seinen umgedrehten Hut fielen dann und wann ein paar Münzen, ich bekam nichts, und sonst geschah auch nichts – bis die junge Frau wiederkam. Mit weiteren fünf Büchern. »Ist ja toll«, sagte sie und setzte sich neben mich. »Und Sie schreiben mir wirklich alles rein, was ich will?«

Noch immer reagieren viele Menschen auf den »Impotenten Mann« erstaunt.

Ich nickte und signierte dann vordatierend bis Ostern für Mutter und Tante und Onkel und Freundin und Freund und wer weiß für wen noch alles, bis meine Finger völlig steifgefroren waren. Wir tranken an einem der Stände noch einen Glühwein. Ich wärmte mir die Hände am Becher und konnte es noch immer nicht glauben. Da kaufte doch tatsächlich jemand mein Buch, und nicht nur eins!

In der Zwischenzeit habe ich eine Menge Auslandserfahrung mit dem »Impotenten Mann« und auch mit dessen Nachfolgebüchern gesammelt. Aber noch immer reagieren viele Menschen auf den »Impotenten Mann« erstaunt, auf den »Toten Mann« abwehrend und auf die »Handvoll Männlichkeit« mit schräg gestelltem Kopf.

In Portugal standen die Bücher auf der Bestsellerliste, und so lud mich der dortige Verlag zu Presseterminen ein. Am ersten Morgen wurde ich in dem großen Restaurant des Hotels in Lissabon aufs aufmerksamste bedient. Die Kellner rückten den Stuhl, brachten unablässig Kaffee, nahmen mir jeden Gang zum Buffet ab. Dann hatte ich einige Fernsehauftritte. Was man sich hierzulande kaum vorstellen kann, passierte dort. Einen Teil dieser Interviews hängten sie, gewissermaßen als Ausstieg, an die Nachrichten. Das hatte zur Folge, daß jeder nachrichtenschauende Portugiese, ob er wollte oder nicht, mit meinem »Impotenten Mann« konfrontiert wurde. Am nächsten Morgen setzte ich mich wieder an denselben Tisch. Kein Kellner kam. In einer Ecke hatten sie sich zusammengeschart, tuschelten und schauten zwischendurch zu mir. Schließlich hatten sie einen Delegierten gefunden. Er schlich heran, stellte sich schüchtern vor mich hin und fragte: »I'm sorry, I don't speak so very well English, but – are you the woman with the impotant man?« Ich warf mich in die Brust, holte tief Luft, wuchs um zwei Meter und sagte im tiefsten Bass: »Yes, I am!« Er sauste weg, um seinen Kollegen diese kolossale Nachricht zu unterbreiten. Daraufhin bedienten sie mich zwar wieder, aber mit doch sichtbaren Vorbehalten.

Ich wäre keine Journalistin, wenn es mich nicht interessieren würde, wie die Beziehungen zwischen Frauen und Männern in den Ländern aussehen, in denen sich meine Bücher verkaufen. Ob in England, Kanada, Brasilien oder Spanien – wenn mich die Journalisten eine Weile ausgefragt haben, drehe ich den Spieß meist um und frage meinerseits nach. Es wirft oft ein interessantes Licht auf all die Vorurteile, die man hierzulande von Partnerschaften in anderen Ländern hat. Beispielsweise Brasilien. Irgendwie hat sich wohl durch die heißen Rhythmen und die Tangas, die bewegungsfreudigen Körper an der Copacabana und das allgemeine Easy Going in den Köpfen ein Bild von sexueller Freizügigkeit und ungebremster Lust an der Liebe durchgesetzt. Was ich hörte, ist, daß es nicht anders ist als bei uns auch. Frauen, die von ihren Partnern ständig bedrängt werden, sind genervt, und Frauen, deren Männer sexuell zu inaktiv sind, auch. Bloß – was ich dazu las, gefiel mir überhaupt nicht. In den verschiedenen Frauenzeitschriften, die mir von

Ich wäre keine Journalistin, wenn es mich nicht interessieren würde, wie die Beziehungen zwischen Frauen und Männern in den Ländern aussehen, in denen sich meine Bücher verkaufen.

den jeweiligen Journalistinnen vorgelegt wurden, fiel mir auf, daß es keine echten Frauenzeitschriften waren. Keine Ratschläge für Beziehungen, und keine Themen oder Informationen, die für Mütter oder Berufstätige oder beide Gruppen hätten nützlich sein können, eher Männerzeitschriften nach dem Motto: Dein Wunsch wird wahr. Frauen in reizvoller Unterwäsche, entsprechend fotografiert, sind natürlich – auch für Frauen – schön anzusehen. Hier aber schritt die Spitzenunterwäsche, mehr Spitze als Wäsche, mit Fesseln, Halsbändern, Demutshaltungen einher. Möglichst vor einem völlig angezogenen, in einem Fall auch noch wütend wirkenden Mann. Es fehlte nur noch der besagte Fuß auf dem erlegten Wild. Mir paßte das nicht, aber auch hier war zu hören, daß die Blätter in Wahrheit von Kerlen gemacht werden, den Vorgesetzten hinter den Kulissen. Machismo, nennen sie das dort, übersteigertes Männlichkeitsgefühl. Sie wirkten alle forsch und kämpferisch, die brasilianischen Redakteurinnen, aber letztendlich fehlt es ihnen an der Macht, ihren eigenen Willen durchzusetzen.

Wer so durch die Städte und die Länder reist wie ich, stolpert natürlich förmlich von einer Anekdote in die nächste.

Erstaunlich genug, wie lang und breit in Brasilien über meine Bücher und mich berichtet wurde. Möglicherweise waren die Herren Chefs gerade im Urlaub. In Thailand. Möglicherweise auch in Japan. Dort lesen die Herren besagte Demutsgeschichten in Comicform ganz öffentlich in der U-Bahn. Der Manager auf Entspannungstrip sozusagen. Auch in Japan gibt es den »Impotenten Mann«. Aber natürlich nicht als Comic. Schade eigentlich.

Apropos Asien. In Korea und China sind meine Bücher ebenfalls erschienen. In China wurden »Suche impotenten Mann fürs Leben«, »Nur ein Toter Mann ist ein guter Mann«, die »Lüge im Bett« und »Eine Handvoll Männ-

Rio, im Dezember. Man soll sich ja nicht wirklich über die dickbäuchigen, kalkweißen und fast kahlköpfigen Männer lustig machen, die nach Brasilien reisen, und an der Copacabana nach viel zu jungen, viel zu hübschen und viel zu gut gebauten Mädchen Ausschau halten. Als ich mein Buch »Mulher solteira procura homem impotente para relacionamento sério« in Rio vorstellen sollte, zu deutsch »Suche impotenten Mann fürs Leben«, wurde mir gleich nach Ankunft in meinem Hotel »Tobias« vorgestellt, ein 25jähriges, 1,90 Meter großes, blauäugiges Supermodel, im Hauptberuf Musikstudent. Zum Dolmetschen, da deutschstämmig, und zum Wohlfühlen. Ich fühlte mich natürlich auf der Stelle wohl, zumal er nicht nur wirklich toll aussah, sondern auch den Auftrag hatte, mir über das Wochenende Rio aus der Sicht der Einheimischen zu zeigen. Es war Freitag, und schlau, wie die brasilianischen Journalisten sind, arbeiten sie zu Gottes Ehre am Wochenende nicht. Tobias war mit mir, wo Touristen niemals hinkommen, unter anderem auf einer riesigen Verlagsparty auf dem Zuckerhut, aber auch in winzigen Kneipen, in denen Einheimische Musik machten. Tobias, mein Wohlfühlprogramm. Am Montag fragte ich ihn dann, was seiner Meinung nach zu einem Wohlfühlprogramm denn so alles dazugehöre. Er meinte, zuerst habe er das auch nicht gewußt, aber jetzt denke er: alles.

Irgendwie haben sich die Zeiten doch geändert, dachte ich, trotz allem, auch in Brasilien. Vor allem, als am Montag der Fotograf einer großen Illustrierten mit vier weiteren, diesmal typisch brasilianischen Models anrückte. Die vier muskelbepackten Jungs sollten mich für eine Fotoserie oben ohne – die Jungs! – über den Strand tragen. Ich hatte nichts dagegen. Sie ließen mich nicht fallen und fühlten sich nicht schlecht an. Als nach einer halben Stunde alles im Kasten war, deutete der Fotograf auf die vier. »You can keep them, they are paid for the whole day!« Ich könnte sie jetzt haben, denn sie seien sowieso für den ganzen Tag bezahlt. Donnerwetter, dachte ich, das sollten wir im Allensbacher Strandbad vielleicht auch mal einführen.

lichkeit« parallel übersetzt. Dem Chinesen, der auf der Frankfurter Buchmesse die entsprechenden Lizenzen bei meinem Verlag kaufen mußte, schlug damit eine entsetzliche Stunde. Er beteuerte ein ums andere Mal, daß er den »Impotenten Mann« zwar für China kaufe, Impotenz in China aber völlig unbekannt sei, und zwar sowohl in Wort als auch in Form. Ich beruhigte ihn, daß es uns in Deutschland schon lange klar sei, daß in seiner Heimat geriebene Tigerhoden und gemahlenes Rhinozeroshorn ausschließlich gegen Grippe eingenommen würden.

Wer so durch die Städte und die Länder reist wie ich, stolpert natürlich förmlich von einer Anekdote in die nächste. Ich werde oft gefragt, wie ich diese ständigen Reisen und die ständig wechselnden Gesichter und Menschen überhaupt aushalte. Zum Teil liegt es uns natürlich im Blut. Mein Großvater, ich habe es schon erwähnt, war ein reiselustiger und geselliger Mensch. Meine Mutter ging, ungewöhnlich für die damalige Zeit, mit neunzehn Jahren nach England, um in einem hochherrschaftlichen Haus sechs Jagdhunde zu betreuen, und mein Vater spürte der Vergangenheit in allen möglichen Ländern nach. Meine Schwester ist ebenfalls leidenschaftlich gern unterwegs. Ob Hotel, Campingbus oder Zelt ist ihr dabei völlig gleichgültig. Hauptsache weg. Und auch ich bin am liebsten mobil. Lästig wurde es nur im Winter 1995. Ich drehte für den Südwestfunk eine Dokumentation über Sekten, für den Hessischen Rundfunk zahlreiche Einspielfilme zu einer Musiksendung, und gleichzeitig begannen auch die ersten Lesungen zum »Impotenten Mann«. Ich erinnere mich, daß ich nachmittags in Dülmen drehte und abends in Jever eine Lesung hatte. Als ich dort ziemlich geschafft ankam, erklärte mir die Veranstalterin, daß es da einen Herrn gäbe, der zur jeder Lesung käme, sich immer direkt in die Mitte der ersten Reihe setzte und dann aber spätestens nach zehn Minuten einschlief. Ich solle das nicht persönlich nehmen. Herr Meier sei halt so. Ich fand das klasse. Müde, wie ich selbst war, konnte ich jetzt als allerletztes einen schnarchenden Mitbürger brauchen. Ich stand an der Eingangstür, um noch etwas an der frischen Luft zu sein, als ein Mann um die Sechzig mit einem alten Herrenfahrrad heranfuhr, etwas umständlich die Hosenklammern löste und dann an mir vorbeiwollte.

»Guten Abend, Herr Meier«, sagte ich versuchsweise, »schön, daß Sie auch da sind!«

Er blieb verdutzt stehen. »Woher kennen Sie mich denn?«

»Es hat sich bis nach Allensbach herumgesprochen, daß Sie bei jeder Lesung dabei sind. Ich finde es toll, wenn ein Mann dermaßen interessiert ist!«

In der Folge saß er zwei Stunden vor mir, rätselte und schlief keine Sekunde.

Dreharbeiten zu dem Spielfilm »Lambada« für den Hessischen Rundfunk auf dem Zuckerhut in Rio (November 1989)

Aber ich kam auch nicht mehr zum Schlafen. Drei Monate am Stück sauste ich durch die Lande. Drehtermine, Schnittermine, Lesungen, und vieles davon mit meiner kleinen Tochter im Schlepptau. Wenn meine Schwester nicht das Weihnachtsfest für alle ausgerichtet hätte, wäre das in diesem Jahr flachgefallen. Wir kamen erst am 24. Dezember nach Hause.

Wochen später bekam ich dann die Quittung: eine Lungenentzündung, die nicht rechtzeitig erkannt wurde und deren Anzeichen ich ignoriert hatte, bis ich mir bei einer Lesung schweißüberströmt eingestehen mußte, daß irgend etwas massiv schieflief. Bei »meinem« Chefarzt Fritz Schäfer in Saulgau – man bringe mich bitte in kein anderes Krankenhaus, falls ich dem Exitus mal wieder nahe sein sollte – warf ich mich mit der Entschuldigung, ihn mit so etwas Lächerlichem überhaupt zu belästigen, auf die Couch. Er aber fand heraus, daß es kurz vor zwölf war. Die eine Lunge war bereits ganz zu, und irgendwo saß ein Herd, der nicht genau zu bestimmen war. Lungenkrebs? Ausgerechnet ich, die nie geraucht hatte? Ein Witz! Aber ich sah meine vierjährige Tochter vor meinem geistigen Auge Hand in Hand mit meiner 77jährigen Mutter vor meinem Sarg stehen, und ich beschloß, mein Leben zu ändern. Irgendwas mußte ich canceln. Der letzte Film war geschnitten und auf den Weg gebracht. Ich entschied mich für die Schreiberei.

Fotosession an der Copacabana (Dezember 1999)

»Nur ein toter Mann ist ein guter Mann«

Mein Buch »Nur ein toter Mann ist ein guter Mann« beendete ich in Saulgau – drei Wochen mit Infusionen ans Bett gefesselt. Es paßte. Zwischendurch kam Fritz herein und mahnte, er würde mir den Stecker aus dem Laptop ziehen, wenn ich nicht aufhörte. Doch er hatte keine Chance: »Zieh nur, ich habe Akkus!«

Ursula, die starke Frau, emotionsloses Schattenwesen eines selbstgerechten, starken Mannes, das war die Geschichte, die mich faszinierte. Warum fangen manche Frauen erst zu leben an, wenn ihre Männer tot sind? Wieso verändern sie dann die Wohnung, reisen, machen manchmal eine völlige Persönlichkeitsveränderung durch, ja, finden sogar erst zu einer eigenen Persönlichkeit, werden sie selbst? Kurz zuvor hatte mir eine Frau erzählt, daß sie nach dem Tod ihres Mannes als erstes das ganze Haus verändert habe. Alles herausgerissen, neu gemacht. Und dann verkaufte sie das Schiff. Jedes Wochenende mußte sie mit zum Schiff, obwohl sie das Wasser haßte. Mitsegeln durfte sie allerdings nie – das galt für ihn als Männersport –, nur warten, bis er wiederkam. Und trotz ihrer Höhenangst zwang er sie stets, mit auf Klettersteige in die Berge zu gehen. Es sei nur eine Frage des Willens, hatte er ihr immer gepredigt. Ich konnte es nicht glauben. Eine Frau, die lebte, aber nicht eigenständig existierte. Hier nahm die Geschichte ihren Anfang. Dazu kam die Mutter eines Freundes, die

Warum fangen manche Frauen erst zu leben an, wenn ihre Männer tot sind?

Montag, 18 Uhr. Ich war bei meinem Zahnarzt in Rastatt. Er begleitet mich seit meinen SWF-3-Tagen, bisher recht schmerzfrei, weil er mein Schmelzproblem lasern konnte. Bloß hatte es sich jetzt ausgelasert. Ich stand zwei Stunden unter Strom. Natürlich nicht richtig, sondern bildlich. Dabei übte ich mich in der alten Kunst des Wegbeamens. Es gibt Momente, da ist das klasse. Ich denke einfach über alles mögliche nach, bin in einer ganz anderen Welt. Der Bohrer in meinem Mund hat dann irgendwie nichts mit mir zu tun. Es fielen mir Zeiten ein, in denen ich das regelmäßig angewendet habe – zum Beispiel in meiner Schulzeit. Ich erinnere mich gut an die große Fensterreihe im Gymnasium, durch die man den Blick bis zum Waldrand schweifen lassen konnte. Dort hinten, hinter den Äckern und Wiesen, zog sich ein Feldweg an den Bäumen entlang. Was bin ich diesen Weg in Gedanken auf- und abgaloppiert. Das arme Pferd ist während meiner Schuljahre wahrscheinlich mehrfach an Überanstrengung gestorben. Und ich fast an dem Schock, wenn ich aufgerufen wurde und mal wieder ganz woanders war. Aber bei Dr. Goldammer war's prima. Ich stellte fest, daß es noch funktioniert. Als er mich in einer kleinen Erholungspause fragte, woran ich denn gerade arbeitete, und ich ihm von diesem Projekt, einem Buch über die Lust am Leben und das Wohlfühlen, erzählte, mußte er lachen. »Dies ist wohl nicht gerade der geeignetste Platz für eine Inspiration«, meinte er.
Welcher Arzt weiß schon, wie es in seinem Patienten aussieht?

selbstherrlich in ihrem Haus thront, für die außer ihrem Banker und ihrem Steuerberater keine gleichwertigen Menschen existieren. Für die jeder Handwerker nur pfuscht und die voraussichtlich irgendwann einmal mutterseelenallein in ihrem tollen Haus hinter der hohen Hecke sterben wird, weil keiner sie mehr erträgt. Sie gab die Würze. Und der traurige Tod unseres Vaters 1989, der mich auch eigenartige Verhaltensweisen unserer Mutter beobachten ließ, gab das Hintergründige. Meine Mutter tat nämlich plötzlich Dinge, die sie vorher an unserem Vater kritisiert hatte. Sie ließ ihn quasi weiterleben. Es war, als ob ein Teil seiner Persönlichkeit in sie geschlüpft wäre, und ich überlegte, wie weit so etwas gehen könnte. Ursulas Fremdbestimmung nach dem Tod ihres Mannes kommt aus der gleichen Quelle. Bei meiner Mutter hat sich das wieder gelegt. Bei meiner Protagonistin Ursula führt es zum gewaltsamen Tod einiger Männer.

Wenn ich gefragt werde, weshalb mir jedes Jahr ein neues Buch einfällt, dann sind solche Mosaiksteinchen der Grund. Irgendwann werden sie zu einem Bild, und dann muß es heraus. Wenn ich einmal keine gute Idee, keine Eingebung, kein nennenswertes Thema mehr haben sollte, das mich selbst interessiert, würde ich aufhören. Ich schreibe noch heute ein Buch genau so, wie ich es mir als Leserin wünschen würde. Wenn die Geschichte eine Wendung bekommt, frage ich mich, was mich an diesem Punkt fesseln könnte, wenn ich es selbst lesen würde. Und das schreibe ich. Zudem recht schnell. Der »stern« bat mich einmal, einen Artikel über mich selbst zu schreiben, und gab mir dafür mehrere Tage Zeit. Nach drei Stunden faxte ich ihn durch. Ich kann nicht langsam arbeiten. Es liegt mir nicht. Stundenlang an einem Satzgebilde zu feilen ist nicht meine Stärke. Möglicherweise liegt es auch an den langen Jahren im Journalismus, in denen ich ständig gegen die Uhr oder die Deadline arbeiten mußte.

Zu Lindauer Zeiten (1983)

Es kann aber auch meine angeborene Ungeduld sein, eine wirkliche Schwäche. Wenn Dinge nicht zügig vorangehen, macht mich das krank. Warten war noch nie meine Stärke, es sei denn, man kann es mit etwas Genußreichem wie Lesen, Essen oder Trinken verbinden. Trotzdem werde ich oft mit einer Vorstellung konfrontiert, die märchenhaft ist. Es ist das Bild des gemütlich auf einer Insel lebenden Schriftstellers, der genüßlich Bleistift kaut, dabei sinnend übers Meer blickt, ein Glas Rotwein neben sich und jede Menge Zeit vor sich.

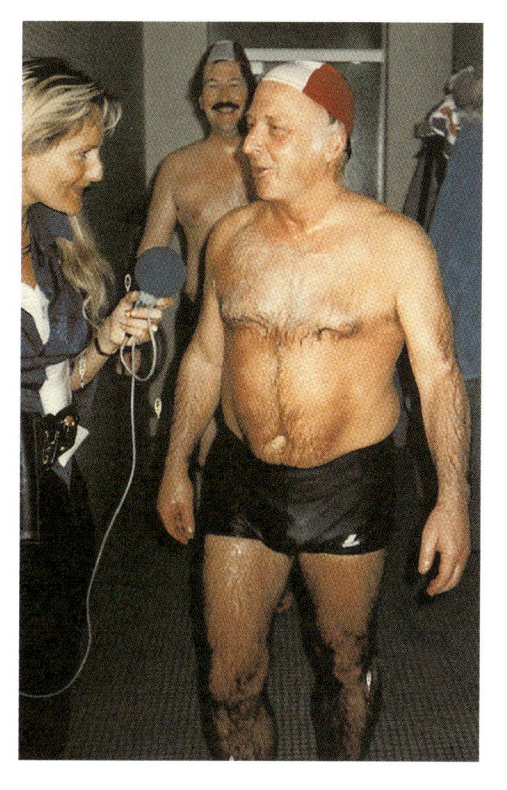

Für SWF 1 mit Norbert Blüm (1988)

Selbst Martin Walser, den ich mir als Schriftsteller noch am ehesten in dieser Pose vorstellen könnte, hat Zeitdruck. Er wohnt ebenfalls am Bodensee, blickt ebenfalls aufs Wasser, aber auch seine Bücher schreiben sich nicht von selbst. Als mein »Ein Liebhaber zuviel ist noch zuwenig« bei der »Zeit« auf Platz 1 der Bestsellerliste landete, faxte er dazu folgendes über den See: »Liebe Gaby, in heller Freude grüße ich und denke: Jetzt könnte sie doch grad auch noch mein Buch schnell fertigschreiben. Ach ja. Aber jetzt freuen wir uns halt an Ihnen, mit Ihnen! Bis bald! Ihr Martin.«

Wer mit 150 000 Büchern an den Start geht, hat einen festen Tag, an dem das Manuskript fertig sein muß. Die Druckerei hat den Termin eingeplant, die Spediteure, die Buchhandlungen. Es ist wie beim Architekten. Wenn der nicht rechtzeitig zu Potte kommt, zerfällt alles in ein hoffnungsloses und nicht mehr gutzumachendes Chaos. Bei meinem letzten Buch kam ich durch zu viele Lesungen und Auslandsreisen so in Zeitdruck, daß ich tagsüber schrieb, die neuen Seiten ins Lektorat faxte, mein Lektor sie am nächsten Tag bearbeitete, zurückfaxte und meine Mitarbeiterin die Korrekturen übertrug, während ich weiterschrieb. Gott sei Dank behielten alle die Nerven, bloß, mit Schriftstellerei im herkömmlichen Sinne hat das natürlich wenig zu tun. Auch kann ich nicht, wie etwa Martin Walser, mit der Hand schreiben. Da fällt mir über einen Brief hinaus nichts ein. Ich bin wie der Pawlowsche Hund total auf den Computer fixiert. Das war schon zu Zeiten meiner journalistischen Tätigkeit so. Ich überlegte mir keine Zeile, solange ich nicht am Computer saß. Erst dann ging's los. So auch heute. Meine Geschichte lebt, sobald ich auf den Einschaltknopf gedrückt habe. Wenn sie stockt, gehe ich zum Kühlschrank. Das ist der Grund, weshalb ich in Schreibphasen durchschnittlich zwei bis drei Kilo zunehme. Doch wenn ich ihn wieder zuklappe, weiß ich, wie es weitergeht. Manchmal reicht auch schon das Auf- und Zuklappen. Ebenfalls ein pawlowscher Reflex, nehme ich an.

Wenn meine Geschichte stockt, gehe ich an den Kühlschrank. Und wenn ich ihn wieder zuklappe, weiß ich, wie es weitergeht.

Die Rituale beim Schreiben, vor Auftritten bei Musikern und anderen Künstlern waren angeblich das Thema, weshalb mich die Redaktion von Ilona Christen anrief. Sie wollten mich zu einer Talkshow einladen. Doch Nachmittagstalkshows liegen mir nicht. Die Themen sind oft fürchterlich an den Haaren herbeigezogen und die Gäste dazu auch. Also hakte ich nach. Worum geht es genau? Ja, ob ich beim Schreiben denn zwischendurch ein Gläschen tränke. Ein Gläschen was? Nun, vielleicht Wein? Nein, ich will ja denken. Andere Künstler würden auch etwas trinken. Ein Gast, er mache Performance, bräuchte beispielsweise immer einen Whisky vor seinem Auftritt. Ich nicht.

Aber vielleicht doch ein Gläschen Wein? Nein. Auch nicht, wenn mir nichts mehr einfällt? Nein! Hören Sie, was wollen Sie eigentlich? Jetzt sagen Sie mir bitte, wie die Sendung heißen soll, sonst lege ich auf.

Es war kurz still in der Leitung, dann rückte sie endlich damit heraus.

Die Sendung hieß: *Bin ich schlecht, weil ich trinke?*

Ich habe bei Thommy Ohrner einen Nachmittagstalk mitgemacht, das war mir eine Warnung. »Viagra« war das Thema. Ganz zu Anfang, als Viagra noch nicht auf dem Markt war. Ich verkürzte meinen Urlaub um einen Tag und flog mit meiner Tochter von Mallorca ein. Gleichzeitig ließ ich von einem befreundeten Apotheker zu Demonstrationszwecken ein Päckchen Viagra in die Redaktion schicken. Überflüssig zu erwähnen, daß die Tabletten niemals auftauchten und ich in Erklärungsnöte kam – schließlich war die Packung nur geliehen, kein Rezept weit und breit. Zwei T-Shirts, die ich ebenfalls zur Show schicken ließ, mußten aufs heftigste gesucht werden, eine Weste verschwand. Es gibt in dieser Szene fürchterliche Chaoshaufen, häufig natürlich auch, weil sich Sendungen schneller in Luft auflösen, als man schauen kann, und sich Redaktionen beim Aus-dem-Boden-Stampfen einer neuen Sendung oft aus Leuten zusammensetzen, die sich kaum kennen und von denen die linke Hand nicht weiß, was die rechte tut. Da bleibe ich dann doch lieber am See und schau den Enten zu.

Wasserkühlung: mit »Florian« im Bodensee

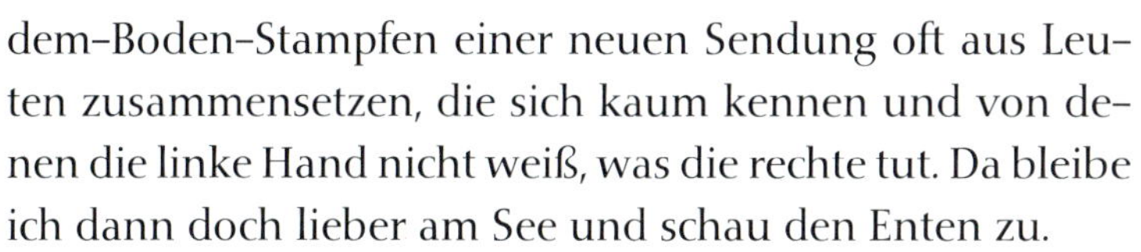

Haben Sie keine Angst, daß ihre Bücher einmal nicht mehr laufen, Ihnen nichts mehr einfällt? Nein, habe ich

Dienstag, 8:20 Uhr. Komme gerade an meinen Arbeitstisch, schaue auf einen grau in grau liegenden See ohne Horizont und mache das Radio an, SWR 3. Ein evangelischer Pfarrer spricht darüber, wie unsere südlichen Nachbarn uns befremdet zuschauen, wie wir uns Tag für Tag für unsinnige Güter abhetzen und uns dann immer weiter abhetzen müssen, um diesen Standard halten zu können. Dabei sei das Wichtigste doch die Freude. Die Freude, wenn man die Natur betrachtet, den Himmel, eine Blume. Wenn man diese Freude nicht mehr spürt, sondern nur noch in der Arbeit wühlt, »hast du irgendwo einen Fehler begangen. Suche ihn und bereinige ihn.« Ich höre genau hin und finde, er hat recht. Ich schaue aus dem Fenster, und der grau in grau liegende See hat feine silberne Streifen. Vielleicht wirkt's ja schon.

nicht. Ich fühle mich überhaupt keinem Erfolgszwang ausgesetzt. Deshalb habe ich aus Impotenz auch nicht Impotenz I, II und III gemacht, wie bei Rambo, sondern ein völlig anderes Buch geschrieben. Nach der attraktiven, 35jährigen Carmen kam das Buch über eine 54jährige Frau, eine im Grunde böse Geschichte voller schwarzem Humor. Im übrigen auch ein Buch, das entweder geliebt oder total abgelehnt wird. Jede Leserin hat dazu eine ganz ausgeprägte Meinung. So rief mich eine Frau aus Hamburg an und erklärte mir, daß sie seit Tagen mit sich ringe, ob sie mich anrufen könne, es nun aber doch wissen müsse.

»Was denn?« fragte ich.

»Nun, bekommt Ursula ihr Haus an der Algarve oder nicht?«

Das ist die Schlüsselfrage dieses Buches.

»Wenn Sie es genau gelesen haben, dann erkennen Sie, daß es gar nicht anders sein kann. Ja, sie bekommt es…!«

»Oh«, schoß es ihr heraus, »das freut mich aber für Ursula!«

Erstaunlich, wie viele Frauen sich mit den Figuren in meinen Romanen identifizieren, sich von ihrer Stärke anstecken lassen oder zumindest Partei für sie ergreifen. Ein beeindruckendes Erlebnis dieser Art hatte ich in einem Kurort bei Frankfurt. Nach der Lesung kam eine gutaussehende Dame Ende Fünfzig zu mir an den Tisch und erklärte, daß sie sich bedanken möchte.

»Wieso denn *Sie*?« fragte ich. »*Ich* habe doch zu danken, daß Sie hier waren!«

Nein, das hätte schon einen tieferen Grund. Sie sei an Krebs erkrankt und war völlig resigniert. Dann hätte ihre Tochter ihr den »Toten Mann« mitgebracht, und zum erstenmal hätte sie wieder so richtig aus dem Bauch heraus herzhaft lachen können. Und mit Ursula habe sie für sich entschieden, daß sie kämpfen würde. Und diese Kraft habe sie jetzt.

Ich muß nicht alles haben. Manchmal bleibe ich dann doch lieber am See und schau den Enten zu.

Ich war gerührt und irgendwie auch betroffen. Später dachte ich mir, wenn dir ein Mensch so etwas sagen kann, nur ein einziger, dann ist es jede Zeile wert, die du bisher geschrieben hast.

Übrigens war gerade die Recherche zum »Toten Mann« eine der lustigsten in meinem Schriftstellerdasein. Zunächst siedelte ich Ursula als Fabrikantin in der Verpackungsbranche an, kannte mich aber natürlich überhaupt nicht aus. Also fand ich in der Nähe eine Verpackungsfirma heraus, schickte als Referenz ein Exemplar meines »Impotenten Mannes« und dann die Seiten, die ich, mehr oder weniger blauäugig, schon über Firmenstruktur, Bilanzen und interne Abläufe geschrieben hatte, mit der Bitte, mich doch über Wahrscheinlichkeit oder völlige Absurdität aufzuklären. Und zudem wollte ich noch gern wissen, an welcher Stelle, bei welcher Maschine in einer solchen Fabrik ein Mensch umkommen könnte. Dabei dachte ich an Willy Waffel, Ursulas Erzfeind.

Ich wurde eingeladen.

In Ravensburg saß mir dann der Direktor an einem langen Tisch gegenüber. Wir tranken Kaffee. Er habe sich das ganze Wochenende schon den Kopf zerbrochen und sich geärgert, begann er. Und ich sah die rote Karte. Jetzt würde er gleich gegen männerfeindliche Bücher und idiotische Bilanzen wettern. Nein, das war soweit alles in Ordnung, nur umbringen konnte man in einer Fabrik wie dieser keinen. Alle Maschinen seien für so etwas untauglich. Ihm zumindest sei keine eingefallen. Die Sicherheitsvorkehrungen seien viel zu hoch. Um den Beweis anzutreten, zogen wir weiße Mäntel an, setzten weiße Käppis auf und schritten die Maschinen ab. Wir inspizierten jede einzelne gewissenhaft, und ich denke, die Mitarbeiter vermuteten, ich sei vom TÜV oder von sonst einer Prüfbehörde. Schlußendlich mußte ich ihm jedoch recht geben. An Mord war hier nicht zu denken, zumindest nicht physisch. Willy Waffel mußte auf irgendeine andere Art dran glauben.

Erstaunlich, wie viele Frauen sich mit den Figuren in meinen Romanen identifizieren, sich von ihrer Stärke anstecken lassen.

Zwischenzeitlich hatte ich auf unserer Sightseeingtour schon einen Schnellkurs gemacht, kannte mich sowohl mit der kunststoffverarbeitenden Materie als auch mit Kartonage aus. Vor der Häckselmaschine blieben wir stehen. »Das wäre natürlich eine Möglichkeit«, sagte er. Nun schauderte es selbst mich. Ein Schlitz im Boden, Schilder mit Totenköpfen davor, und eine Kunststoffbahn, die an unseren Füßen vorbei rasend schnell in den Boden gezogen und dort erneut zu Granulat verarbeitet wurde. Bei einer Kartonage, wurde ich aufgeklärt, würde man anschließend nichts mehr feststellen können. Eine leichte Färbung vielleicht, man nennt das dann: Der Aschegehalt hat sich erhöht. Das bedeutet, daß sich ein nicht mehr zu identifizierender Fremdkörper dazugemischt hat. Wir waren beide nicht dafür, Willy Waffel häckseln zu lassen. Zumal, wer würde schon freiwillig an diesen martialischen Schlitz herantreten? Es wäre vom Ansatz her Mord gewesen, und das wiederum durfte Ursula nicht passieren.

Ich schrieb also einen anderen Dreh, aber am Ende kommt dann doch die Polizei, um sie zu verhaften. Nun stand ich selbst noch nie unter Mordverdacht. Hier fehlte mir also die eigene Erfahrung, von der mein Vater immer sprach. Also schickte ich das Ende meiner Geschichte an die Friedrichshafener Kriminalpolizei. Die lachten herzhaft und erklärten mir, daß es ein absolut amerikanischer Schluß sei. Kein Wunder, stammen doch die meisten unserer Krimis aus den Federn amerikanischer Autoren. Wir änderten also die Passage auf deutsches Recht und deutsche Ordnung. Jetzt fehlten mir noch die Informationen von Hardy Rodenstock zum Wein und die Bestätigung des Neustädter Hafenmeisters für den richtigen Liegeplatz der »Swan«. Zum Beispiel wußte ich nicht, ob der Ostseehafen im Winter überhaupt im Betrieb war und die »Swan« mit ihrem Tiefgang wirklich an dem für sie vorgesehenen Steg liegen konnte. Heute weiß ich, es ist alles korrekt. Sollten Sie etwas aus dem Buch nachmachen wollen, kann eigentlich nichts passieren.

Sollten Sie etwas aus dem Buch nachmachen wollen, kann eigentlich nichts passieren.

Wie sich der »Tote Mann« vom »Impotenten Mann« absetzt, so sind alle meine Bücher thematisch vom voran-

Seenachtsfest in Konstanz mit Freunden (1999)

gegangenen völlig losgelöst. Es würde mir keinen Spaß machen, immer im selben Fahrwasser zu bleiben. Mein Leben ist nicht danach ausgerichtet, eine Spur stur weiterzuverfolgen. Privat und beruflich habe ich nie geklammert, wenn es nichts mehr zu klammern gab, sich die Verhältnisse änderten, die Wünsche oder das Bestehende zu mühsam wurden und keine Besserung in Sicht war. Innerhalb meines Berufes als Journalistin habe ich sechsmal einen Neuanfang gewagt, angefangen mit einem Praktikum bei einem Fotografen über Zeitungsjournalismus, Rundfunk, Fernsehen vor und hinter der Kamera bis zur Schriftstellerin. Und ich könnte mir auch vorstellen, wieder etwas ganz anderes zu machen. Solange ich gesund bin, habe ich auch die Kraft, mir etwas Neues auszudenken. Zudem ist das Leben meiner Meinung nach zu kurz, um an einmal Festgefahrenem festzuhalten.

Ich frage mich auch beim Thema Arbeitslosigkeit oft, warum manche so krampfhaft in ihren Berufen bleiben wollen. Es gibt immer Übergänge im Leben, und manches, was vorher mies aussah, wird nach dem Tiefpunkt sogar besser. Als der Fischer Verlag mein Manuskript zurückschickte, war es eine glatte Abfuhr, eine Niederlage. Ich hätte den Kopf in den Sand stecken, an mir verzweifeln und es verdrängen können. Aber jeder Versuch, etwas in Gang zu bringen, kann zum Erfolg führen. Heute bin ich froh, daß der Fischer Verlag mich nicht wollte. Hera Lind, das hatte ich damals nicht bedacht, war dort der Star. Wer hätte neben ihr eine Chance gehabt? Mittlerweile haben wir uns als Autorinnen zweier guter Verlage kennengelernt und haben bis heute keine Probleme miteinander. Es war – im nachhinein – der richtige Weg. Und so denke ich, daß auch ein totaler Neuanfang noch immer besser ist, als in einer alten Spur zu dümpeln, die ausgefahren und chancenlos ist. Wenn ich in meinem Beruf nicht weiterkomme, wenn meine Kollegen mich ärgern, wenn der Chef mich schikaniert, dann kann ich doch nicht über Jahre ausharren in der Hoffnung, irgendwann pensioniert zu werden. Man hat nur ein Leben und keine Probezeit. Wenn das abgelaufen ist, möchte ich mit dem Gefühl zurückblicken können, die Dinge angepackt zu haben und ihnen nicht ständig hinterhergelaufen zu sein. Ich bewundere jeden, der es wagt, sein Leben in die Hand

Ich bewundere jeden, der es wagt, sein Leben in die Hand zu nehmen, selbst wenn es gegen alle Regeln ist und die Außenwelt sich deswegen aufregt.

zu nehmen, selbst wenn es gegen alle Regeln ist und die Außenwelt sich deswegen aufregt. Am Schluß lebt doch jeder sein Leben für sich und nicht für andere.

Donnerstag, 19 Uhr. Eigentlich bin ich ja ein flexibler Mensch. Ich kann ganze Planungen innerhalb von Minuten umwerfen und genauso schnell wieder neu organisieren. Die gesamte Hauptmannfamilie ist ob dieser Eigenschaft gefürchtet. Mein Schwager stöhnt auch immer. Aber jetzt hat es mal mich mit Wucht getroffen. Ausgerechnet meinem Freund, der am liebsten zielstrebig geradeaus durchs Leben marschiert, während ich in Schlangenlinien rase, kommt ein Termin dazwischen. Unvorhergesehen – und das ihm. Nicht zu fassen. Plötzlich schaue ich in einen gähnend leeren Abend. Valeska ist bei Omi, mein Au-pair-Mädchen bei ihrem Freund. Nur ich sitze hier herum. Was tun? Arbeiten? Keine Lust. Fernsehschauen? Ätzend. Lesen? Kann jetzt nicht stillsitzen. Rausgehen? Es regnet und ist feuchtkalt. Brrr. Alles Mist. Schließlich ziehe ich mich warm an und gehe doch hinaus. Bin völlig allein unterwegs. Allensbach ist wie ausgestorben. Der See verliert sich in der Dunkelheit, einige Enten protestieren lautstark, gegen was auch immer. Es hat aufgefrischt, und ein verhangener Mond zeigt sich dann und wann durch fliehende Wolkenfetzen. Ich fühle mich wohl, so einsam und verlassen, wie der letzte Mensch des Universums. Keiner mehr da, weit und breit nur ich. Hat auch was. Muß auf niemanden Rücksicht nehmen, keinem zuhören, nicht reden. Brauche keinen Spiegel, kein Telefon, keinen Scheidungsanwalt. Alles überflüssig. Meine Phantasie überschlägt sich, malt die schönsten Szenen aus. Trotzdem ist die Realität stärker – ich friere. Zuhause lasse ich mir ein Vollbad einlaufen und greife zu einem Buch. »Der letzte Liebhaber« kommt mit in die Badewanne. Vielleicht würde ich in der neuen, menschenlosen Welt, die ich mir gerade ausgemalt habe, doch einen kleinen Kompromiß eingehen.

Ich bin ein freiheitsliebender Mensch, der für sich viel Bewegung und Raum braucht. Deswegen hatte ich tatsächlich auch immer Lebensabschnittsgefährten – ich war einfach egoistisch genug, mein Leben und meinen Weg für mich selbst weiterzuverfolgen. Ich konnte es mir nie vorstellen, das Leben eines anderen zu leben, sei es auch nur mitzuleben. Ich habe während der Zeit, als ich mein Pressebüro in Lindau hatte, sechs Jahre mit einem Mann zusammengelebt, dem ich heute noch – und seiner jetzigen Frau übrigens auch – freundschaftlich verbunden bin. Als ich damals das Pressebüro aufgab und zum »Seefunk« nach Konstanz wechselte und dann weiter zum Südwestfunk nach Tübingen und Baden-Baden, wollte er heiraten. Das hätte für mich einen Stillstand bedeutet. Eine Sicherheit, die ich nicht wollte, die mir wie eine Fessel vorkam. Nur mit dem Gefühl zu vergleichen, das ich hatte, als ich 1979 als 22jährige meinen Vertrag als Reiseredakteurin beim SÜDKURIER unterschrieb und erstarrte, als ich das Datum sah: Er galt bis zu meiner Rente im Jahr 2020. Ich sah mich bereits, wie ich im Sarg aus dem Gebäude herausgetragen werden würde, und kündigte ein Jahr später. Seitdem habe ich mich nie wieder fest anstellen lassen. Ich denke, daß ich mich seit meiner Kindheit gegenüber jeder Form von Zwang extrem ablehnend verhalten habe. So lebe ich freiwillig bis heute allein. Wenn die Dinge um mich herum zu eng werden, wenn ich mich fremdgesteuert fühle oder Partner ständige Erwartungshaltungen haben, kämpfe ich mich wieder frei. Eine Partnerschaft soll bereichern, nicht einengen.

Bodenseefreuden

Gewisse Mitmenschen haben eine Tendenz, sich permanent in die Sachen anderer Leute einzumischen, obwohl es sie überhaupt nichts angeht. Wir werden in Deutschland durch Gesetze und Verordnungen schon so stark reglementiert, daß es geradezu idiotisch scheint, wie sich die Menschen den Rest an Freiraum auch noch willentlich und gegenseitig zuzementieren. Der Baum, der an der Grenze zum Nachbargrundstück ein Streitfall wird, das nicht gekehrte Straßenstück am Samstag, die häufigen Gäste bei der jungen Frau von gegenüber. Und wenn sich eine verheiratete Frau mal mit irgendwem ausgelassen amüsiert, dann hat sie gleich etwas mit ihm, oder in der Ehe kriselt's. Wen geht es eigentlich etwas an? Es scheint, daß wir in Deutschland keine wirklichen Sorgen mehr haben. Wer keine Probleme hat, macht sich welche.

Toleranz, das ist eine Gabe, die man nicht unbedingt in die Wiege gelegt bekommt. Toleranz und Großzügigkeit. Den anderen etwas gönnen. Ohne Neid auf die Erfolge anderer schauen können. Ohne Eifersucht dem Partner einen Tanz mit einem besseren Tänzer gönnen.

Frösche, Prinzen und Rempler

Das Hauptthema für Frauen sind ja angeblich immer Männer. Irgend jemand aus der Medienbranche hat mir mal den Stempel »Expertin« aufgedrückt, was natürlich Quatsch ist. Jede Frau, die ihren klaren Menschenverstand bewahrt hat, sieht die Schwächen und Stärken des anderen Geschlechts genau. Sie spürt, welche Sorte Mann zu ihr paßt und welche nicht, und sie unterscheidet Aufschneider und Wichtigtuer von denen, die's nicht nötig haben. Es gibt keine Allgemeingültigkeit, es gibt nur ein paar Vorsichtsmaßnahmen und den Appell, seiner Intuition zu folgen. Wenn eine Frau spürt, daß ihr der Mann, in den sie aus irgendwelchen Gründen verliebt ist, nicht guttut, weil er nicht der ist, für den sie ihn gehalten hat, dann ist es Zeit, ehrlich zu sich selbst zu sein. Man sollte sein Leben nicht an »den einen« hängen. Man muß es vor allem selbstbestimmt leben, und da ist jeder Mann, der sich dazwischen stellt, hinderlich.

Ein Partner muß eine Bereicherung sein. Einschränkungen gibt es in jeder Beziehung, das ist ganz klar, denn wenn sich zwei Menschen zusammentun, fällt die eine oder andere bisher gelebte Selbstverständlichkeit unter den Tisch. Wenn dafür eine Gemeinsamkeit entsteht, profan gesagt, wenn aus einem Fußballer und einer Tennisspielerin ein leidenschaftliches Skifahrerpaar wird, ist das okay. Bedenklich wird es, wenn die Frau ihr Leben umstellt,

Ein Partner muß eine Bereicherung sein – selten wird Frauen ein demütiger Verzicht positiv vergolten.

Flirt in London

plötzlich auf Fußballplätze zieht, obwohl sie das nicht mag, und ihren geliebten Tennisschläger in die Ecke stellt, weil er nicht spielt und auch nicht daran denkt, es zu lernen. Irgendwann schlägt das zurück. Selten wird Frauen solch demütiger Verzicht positiv vergolten. Und wenn sie es ihm nach Jahren vorwirft, ist es ihr Problem. Er versteht nicht, was sie eigentlich will. Nach dem Motto: »Hat ja keiner von dir verlangt!« Das tut weh, und wenn es stimmt, kommt man sich dazu auch noch besonders blöde vor.

Man darf sich und seine eigenen Interessen nicht aufgeben. Und wenn man spürt, daß ein Mann es verlangt oder selbstverständlich erwartet, dann heißt es entweder, den Hahnenkamm aufzustellen und zu kämpfen, oder sich zu distanzieren. Wer keine Kämpfernatur ist, geht mit so einem Typen menschlich unter.

Für mich gibt es eine ganz schlimme Kategorie von Männern, die ich »Rempler« nenne. Sie rempeln sich neben ihren Mitmenschen oder auch gegen sie durch das Leben. Fingerspitzengefühl geht ihnen völlig ab. Sie haben kein natürliches Empfinden für Distanz, sie schlagen gleich jedem auf die Schulter, ungeachtet dessen, ob der das will oder nicht. Sie nutzen Freundschaften für ihre Zwecke aus und sägen unentwegt an den Stühlen ihrer Kollegen. Und sie finden sich, das ist das Schlimmste, bei all dem auch noch toll.

Viele Männer haben ein bißchen von dem, was man sich als perfekt vorstellt, dann fehlt es aber wieder an einer anderen Stelle.

Dann gibt es die Wichtigtuer. Sie brauchen immer jemanden, mit dem sie sich schmücken, oder etwas, womit sie prahlen können. Sie sind die geborenen Heerführer. Allerdings nur am grünen Tisch, und da wissen sie alles besser. Daß der Bundeskanzler schon wieder eine Neue hat, welches der geeignete Bundestrainer ist, daß die Haarprobe von Daum in Wirklichkeit vom Kopf des Papstes stammt und daß der Firmenchef soundso sein Unternehmen unweigerlich in den Ruin führt, weil er keine Ahnung hat. Ständig erklärt der Wichtigtuer aus dem reichen Schatz seiner Erfahrung, wie's richtig geht. Im Restaurant fällt er durch lautes Gehabe unangenehm auf, und wenn er mit seinem Handy telefoniert, bekommt die halbe Straßenzeile mit, daß er gerade ein Millionengeschäft an der Angel hat. Diese Männer kennen keine Frauen, sie kennen nur Untertanen oder Betthäschen. Jede Frau, die genug Gespür hat, macht um solche Kerle einen weiten Bogen. Trotzdem sind viele davon verheiratet und zeugen Nachkommen. Entsetzlich.

Dann gibt es eine Kategorie Männer, die einen immer und überall mit ihrer ureigenen Auffassung von Humor lähmt. Sie haben tausend Witze auswendig gelernt, und weil ihnen übers Leben nichts einfällt, sie vielleicht auch sonst nicht viel zu sagen haben, quälen sie ihre Mitmenschen mit einer Show, die schlecht ist. Sie geben sich bemüht locker, sind aber meist zutiefst unsicher, und man darf nicht an ihrer Fassade kratzen, sonst fällt alles zusammen.

Seit Jahren bin ich beruflich viel unterwegs, seit Jahren arbeite ich mit den unterschiedlichsten Männern zusammen, seit Jahren verbringe ich viele meiner Abende in Hotels. In all diesen Jahren habe ich mir die Männer, die um mich herum waren, mit denen ich zu tun hatte oder die mir auch einfach nur auffielen, beobachtet. Ihr erster Eindruck und wie sie sich dann entpuppten. Ihre Art, mit Frauen umzugehen, mit Männern, mit Vorgesetzten, mit »Untergebenen«. In all diesen Jahren habe ich mich, obwohl mir Hunderte über den Weg gelaufen sind – Schöne, Interessante, Reiche, Sportliche, Erfolgreiche, Begehrte – nur dreimal ernsthaft verliebt. Noch vor rund zwei Jahren habe ich mich mit meiner Freundin Doris darüber unterhalten, und wir waren beide der Meinung, daß dieses Gefühl von Verliebtheit der Vergangenheit angehört, daß wir entweder zu kritisch geworden sind oder die richtige Kombination Mann einfach zu rar ist.

Zeitlos: Safari in Afrika

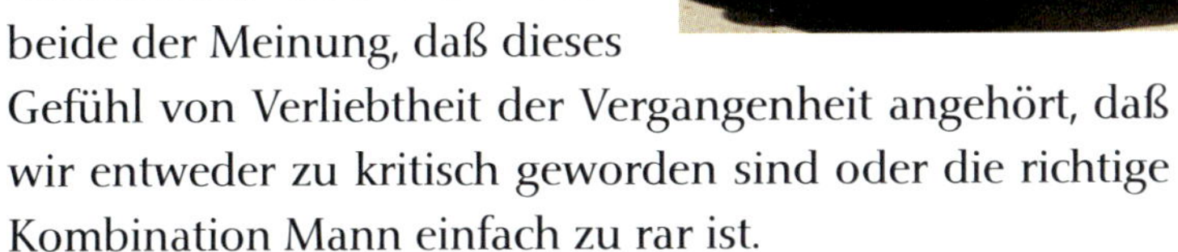

Viele Männer haben ein bißchen von dem, was man sich als perfekt vorstellt, dann fehlt es aber wieder an

Rechte Seite: Freundschaft nach sechs schönen, gemeinsamen Jahren: Lutz mit Valeska und Cousine Jella

einer anderen Stelle. Möglicherweise liegt es daran, daß sehr viele Männer sehr festgefahren sind. Wenn sie erst einmal ihre Bahn gefunden haben, laufen sie stur geradeaus. Frauen erscheinen mir sehr viel wendiger und flexibler. Doch – sie passen ihr Leben leicht dem Leben eines anderen an, und das ist die große Gefahr. Aber sie schaffen es auch, kulturell interessiert zu sein und trotzdem sportbegeistert. Oder klassische Musik zu mögen und sich trotzdem in Diskotheken volldröhnen zu lassen. Sie können sich mit einem Zelturlaub am Bergsee anfreunden und sich trotzdem auf dem Parkett teurer Hotels bewegen. Sie tragen den Rock von Gucci und den Pullover aus dem Secondhandladen, und keine bricht sich deshalb etwas ab. Männer lassen sich viel leichter einordnen. Meist sieht man ihnen schon von weitem an, ob sie auf der kulturellen Schiene sind oder auf der sportlichen. Entweder – oder. Nicht beides. Ob sie defensiv oder aggressiv sind, schulmeisterlich oder liberal, laisser-faire oder eng. Ein Künstler hat ein Chaot zu sein und ein Bankangestellter ein Perfektionist. Entweder er ist pedantisch oder nachlässig. Er trägt Jeans und ungeputzte Schuhe oder einen Armani-Anzug und dreifach polierte. Die meisten Männer outen sich auf diese Weise als langweilig. Man kennt sie innerhalb kürzester Zeit und kann sich darauf vorbereiten, daß sich dann auch nichts mehr ändert. Jeans, Zelt und Passat oder Armani, Hotel und BMW. Es sei denn, es ist gerade in, die Dinge anders zu kombinieren.

Frauen passen ihr Leben leicht dem Leben eines anderen an – und das ist die große Gefahr.

Ja, und zu allem Überfluß gibt es dann auch noch die Kategorien der »Macher« und der »Mach mal«. Die »Macher« fühlen sich immer fürchterlich getrieben. Schon frühmorgens müssen sie sich um die Börse kümmern, selbst wenn sie kaum nennenswerte Aktienpakete haben.

Immerzu jagen sie durchs Leben und den Attributen der Erfolgreichen hinterher. Im Skilift wird mit dem Büro telefoniert, nach dem viertelstündigen Schäferstündchen mit der Freundin sofort der Fernseher eingeschaltet, um die Tagesthemen nicht zu verpassen. Ein weiteres »Muß« ist Harald Schmidt, schließlich muß man ja morgen im Büro mitreden können. Ängstlich wird beobachtet, ob das Aftershave vom Vormonat noch en vogue ist und der Anzug eine Spur besser als der des Kollegen. Pausenlos werden irgendwelche Dinge angekurbelt: Essen mit dem Chef, Fortbildung für den Chef, Blumen für die Gattin des Chefs, um beim Betriebsausflug dann – für alle sichtbar – mit dem wohligen Gefühl, es geschafft zu haben, neben dem Chef sitzen zu dürfen. Daß dieser Typ Mann den Urlaub danach bestimmt, »was sein muß«, versteht sich von selbst.

Geburtstagsparty …

Der »Mach mal« ist das genaue Gegenteil. Ihn muß man bis zur Erschöpfung täglich zu seinem Glück zwingen. Er zieht nur an, worin er sich auch wirklich wohl fühlt, und verweigert alle modischen Attribute. Er bucht keinen einzigen Urlaub selbst, denkt überhaupt nicht daran. Arzt- und Friseurbesuche sind nur dann möglich, wenn man ihn austrickst, die Termine für ihn macht und ihn mit vorgehaltener Pistole hinfährt. Er ist liebenswert und unkompliziert, fröhlich und optimistisch, aber auf die Dauer mühsam. Was man ihm sagt, erledigt er brav, wenn man ihm aber nichts sagt, fällt auch Weihnachten ins Wasser. Er ist träge und sieht keinen Grund, das zu ändern, weil alle seine Trägheit unterstützen. Wenn man ihn ins kalte Wasser springen lassen will, also einfach nicht erinnert, ermahnt und alles schlußendlich selbst tut, schneidet man sich damit ins eigene Fleisch. Es stört ihn nämlich nicht weiter, wenn etwas nicht klappt, weil er es nicht organisiert hat. Er tut eben einfach etwas anderes oder gar nichts. Irgendwann schreit die Partnerin auf, weil sie sich nicht nur doppelt belastet, sondern zusätzlich schamlos ausgenützt fühlt, und rauft sich die Haare. Oder reicht die Scheidung ein.

... im Frühling

Den Mann fürs Leben zu finden ist wie der berühmte Lottogewinn. Die meisten bekommen ihn nicht und geben sich irgendwann mit dem Tombola-Nebenpreis zufrieden. Die Sehnsucht aber bleibt, und irgendwann setzt sich der Stachel fest, etwas Wesentliches zu verpassen oder sich an einem wichtigen Punkt falsch entschieden zu haben. Fast jede zweite Ehe wird geschieden. Die Suche nach dem Glück ist eine lebenslängliche. Dabei ist vieles Illusion. Seltsam, mit welchen Vorstellungen aufgeklärte Menschen heutzutage noch in die Ehe gehen. Als könnte die Unterschrift alles richten und aus zwei Menschen eine Einheit entstehen lassen, die fortan nur noch an einem Strang zieht. Wenn diese erste Illusion geplatzt ist und Schwierigkeiten auftreten, versuchen es viele mit einem Kind. Ein Kind als Kitt einer brüchig gewordenen Gemeinschaft. Welch gefährliches Spiel, denn gerade, wenn die Ehe nicht mehr stimmt und ein Kind kommt, wird sich die Frau zumeist voll auf das Kind konzentrieren, hier die vermißte Liebe finden und geben, und der Mann wird sich abgedrängt und ausgeschlossen fühlen. Viele ernsthafte Schwierigkeiten in einer Beziehung beginnen überhaupt erst, wenn ein Baby da ist. Sie rutscht von der Rolle der Geliebten in die Rolle der Mutter und fühlt sich auch so. Und er hat es mit einer völlig neuen Frau zu tun. Und dann stellt sich die Frage, wie es überhaupt weitergehen soll, denn daß ein Kind soviel Aufmerksamkeit braucht, hat keiner so richtig erwartet. Irgendwie hat man sich das einfacher vorgestellt. So ähnlich wie mit einem Hund, den man zwischendurch auch mal für ein, zwei Stunden allein lassen kann. Aber jetzt ist plötzlich Rund-um-die-Uhr-Versorgung gefordert. Das Baby will nicht schlafen, es will nicht essen. Es schreit, wenn er sich seiner Frau gerade liebevoll nähert, und sie springt auf, um das Kind an die Brust zu drücken. Vom Kitt einer Ehe keine Spur.

Man muß sich schon sehr sicher sein, wenn man einem anderen Menschen sein Leben verspricht. Interessanterweise betonen gerade Frauen, die ihre Männer unfreiwillig durch Tod oder freiwillig durch Scheidung losgeworden sind, daß sie niemals mehr heiraten würden. Und das sind oft Frauen um die Sechzig. Sie haben zurückgesteckt, sich nach den Biegungen ihrer Männer gebogen, waren für alles verantwortlich, ohne dafür anerkannt zu werden. Sie blühen auf, wenn sie ihren Tag, ihre Umgebung, ihr Leben plötzlich selbst bestimmen. Sie entwickeln unglaubliche Aktivitäten, belegen alle möglichen Fortbildungskurse, unternehmen Entdeckungsreisen, stürzen sich in neue Aufgaben. Der Unterschied ist, sie bestimmen selbst, was sie tun wollen. Und tun mehr als je zuvor.

Man muß sich schon sehr sicher sein, wenn man einem anderen Menschen sein Leben verspricht.

Ich für meinen Teil brauche keinen Mann, der mir sagt, wo's langgeht. Ich würde auch keinem Mann glauben, daß er den Weg kennt. Ich brauche vor allem einen, der auf meiner Wellenlänge schwimmt. Er muß meinen Humor und meine Chemie haben. Ich mag Menschen nicht, die bissig und zynisch über andere reden. Meistens empfinden sie das als »Harald-Schmidt-Humor« und verkennen, daß sie das nicht können. Ich mag den feinen schwarzen Humor, der die Dinge klar hinterfragt, ehrlich und spontan ist, aber nicht überheblich. Es kann sich ein herrlicher Schlagabtausch ergeben, an dessen Ende immer ein Lachen, nie eine Kränkung steht. Wenn der Humor stimmt, dann folgt die Ausstrahlung, die natürlich auch von der äußeren Erscheinung abhängt. Jeder Mensch hat eine andere Vorstellung davon. Ich meine die Art, wie jemand einen Raum betritt, die Art, wie er einen anderen Menschen ansieht. Ob er hindurchschaut und dabei an etwas anderes denkt, oder ob er wirklich hinschaut. Wie er zuhört und antwortet. Sein Lachen. Ist es echt oder gekünstelt, kommt es aus dem Bauch, von Herzen, oder aus gesellschaftlicher Konvention? Oder aus Unsicherheit? Augen und Mund sind wichtig. Ein klarer, gerader Blick. Schmallippige Männer sind nicht mein Fall, auch solche mit sehr fleischigen Lippen nicht. Ich achte auf Hände und Füße und natürlich auf das, was er dazwischen trägt. Dabei sind mir kompakte Männer lieber als große, hagere. Dann – seine Stimme und der Tonfall. Männer, deren Stimme sich bei Aufregung leicht überschlägt, sind ungeachtet des Alters auf die eine oder andere Weise noch im Entwicklungsstadium. Ich muß seiner Stimme am Telefon gern lauschen wollen, selbst wenn er etwas Belangloses

sagt. Und ich muß ihn riechen können und gern anfassen mögen. Das Ende aller Beziehungen signalisiert meist der Satz: »Ich kann ihn nicht mehr anfassen, und wenn er mit mir schlafen will, ist mir das zuwider.« Da hilft kein Eheberater mehr, und auch das siebte Kind wird nichts mehr ändern. Hier hilft nur noch Trennung, bevor es auf den Magen oder sonstwohin schlägt.

Humor, Verstand, Menschlichkeit, liberales Denken, gute Allgemeinbildung, Weltoffenheit. Von mir aus auch einmal Kraftmeierei, solange sie sich nicht in männliche Borniertheit auswächst. In meinem Fall hat es ein Partner natürlich nicht leicht, denn er wird beobachtet. Was ist das für ein Typ, der es mit der Hauptmann aushält? Er muß selbstbewußt genug sein, um mich, meine Einstellung, meine Interviews, mein offenes Haus und mein offenes Leben ertragen zu können. Einer, der nicht bei jedem männlichen Gast und Freund eine Gefahr wittert, sondern stark genug ist, einen guten – auch männlichen – Freundeskreis als Bereicherung und nicht als Konkurrenz zu sehen. Einer, der mich nicht einengt, keine Vorschriften macht, nicht über mich bestimmen will. Einer, der im positiven Sinne, über den Dingen steht.

Mit etwas Verstand auf beiden Seiten, Respekt voreinander, Vertrauen füreinander und dem gemeinsamen Ziel, glücklich zu sein, müßte es eigentlich gelingen.

Und Wohlfühlen mit meinem Freund? Das beginnt eigentlich schon in dem Moment, wenn er zur Tür hereinkommt und wir uns in die Augen schauen. Der Rest ist sowieso nicht steuerbar. Wenn irgendwo ein Schalter umgelegt wurde und man einem Wiedersehen entgegenfiebert, wenn die Nacht zum Tag gemacht wird und man sich am Tag trotzdem schon wieder irgendwo trifft, dann hat es ganz einfach und ganz eindeutig gefunkt. Wie lange der Funke trägt, was er entfacht und ob auch die

Glut noch wärmt, zeigt sich später. Mit etwas Verstand auf beiden Seiten, Respekt voreinander, Vertrauen füreinander und dem gemeinsamen Ziel, glücklich zu sein, müßte es eigentlich gelingen. Es gibt Beispiele dafür. Wenn auch nur wenige.

Botho

Drahtseilakte, Sternschnuppen und Stehvermögen

Wie schafft man es überhaupt, mit sich zufrieden zu sein? Den Augenblick zu genießen? Es ist eine Rückbesinnung auf das, was eigentlich wichtig ist, auf das Wesentliche. Auf die fröhlichen Augenblicke, die schönen Dinge. Streß haben alle, trotzdem muß es eine Abgrenzung geben, oder man muß sie sich schaffen. Irgendwann ist der Berg so hoch, daß er einen erdrückt – davon hat niemand etwas. Die typisch südliche Einstellung »mañana, mañana« ist es auch nicht, aber ein bißchen von »mañana« tut auch uns gut. Offen aufeinander zugehen und zuhören, sehen, empfinden. Ich bin auch nicht immer gut gelaunt, und ich denke auch manchmal, daß ich es nicht mehr packe. Es wird mir zuviel, ich krieg's nicht unter. Düstere Gedanken stellen sich ein, irgendwie könnte man heulen und weiß nicht warum. Jede Kraft, jeder Wille, überhaupt etwas zu tun, ist weg. Dazu dann noch ein entsprechendes Lied im Radio, und die Welt geht unter. Und das möglichst auch noch auf einer Fahrt von irgendwoher nach irgendwohin. Dann ein Lächeln vor der roten Ampel, eine nette SMS im Handy oder ein liebes Wort, plötzlich sieht alles wieder ganz anders aus. Manchmal

Nach einer Lesung: Beim Signieren erfährt man so einiges.

DUDEN

... gleich stirbt er...

sind es wirklich die Kleinigkeiten, die einen Tag lebenswert machen. Power allein ist es nicht. Wenn dadurch der Mensch verlorengeht, nützt der ganze Kraftakt nichts.

Es ist eine Balance. Der Drahtseilakt zwischen den Dingen, die man bewahren will, und den Dingen, die man haben will. *Bewahren* will ich mir die Naivität, mir bei einer Sternschnuppe etwas zu wünschen und fest an die Erfüllung dieses Wunsches zu glauben. Unter *Haben* fällt mein Ziel, uns die Zukunft aus eigener Kraft zu sichern, nicht an den Zufall zu glauben. Es ist eine Mischung zwischen staunen und formen. Die Welt ist zu schön, um an ihren Schönheiten, selbst im kleinsten Bereich, achtlos vorüberzugehen. Auf der anderen Seite sind wir nicht mehr Teil dieser Natur. Wir haben uns abgesetzt mit unserer Technik, unserer Elektronik, unseren zubetonierten

Städten, unseren künstlichen Gelenken. Wir können nicht mehr darauf warten, daß die Natur uns hilft. Wir müssen unser Leben selbst in die Hand nehmen.

Manchmal ist das nicht leicht. Zumal als alleinerziehende Mutter weiß ich, wovon ich spreche. Ein Single-Dasein mit Kind erfordert viel Kraft und Organisation. Jetzt ist meine Tochter neun Jahre alt, da geht vieles leichter. Als Valeska ein Baby war, stand das Leben oft wie ein riesiger Berg vor mir, der kaum zu bewältigen war. Als Selbständige in meinem Beruf mit einem Baby unter dem Arm Geld zu verdienen ist kaum möglich. Ich denke, daß viele alleinerziehende Frauen zum Sozialfall werden, weil sie keine Möglichkeit haben, mit Kind zu arbeiten. Eine professionelle Hilfe, die einem ein Baby zu den Arbeitszeiten abnimmt, kostet oft so viel, daß sich das durch ein einziges – zumal weibliches – Einkommen kaum tragen läßt. Übrig bleiben Selbstwertverlust, Depression, Resignation. Wäre ich nicht eine solche Kämpfernatur, wäre ich sicherlich untergegangen.

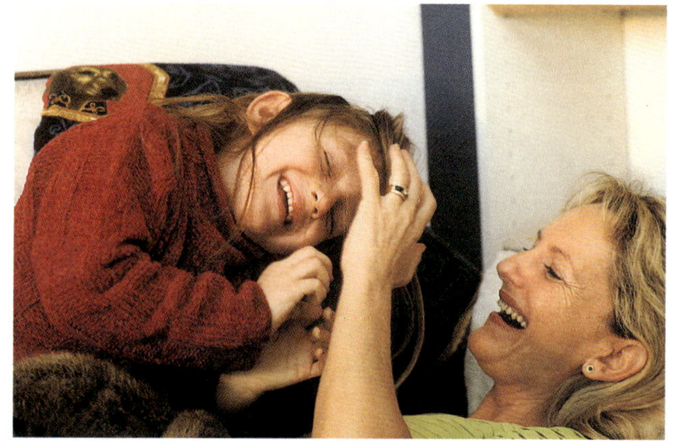

Schmusezeit

Ansonsten ist eine Zweiergemeinschaft wie die zwischen meiner Tochter und mir natürlich sehr genußreich. Keiner redet einem in die Erziehung rein, gibt nach einem mütterlichen Verbot eine väterliche Erlaubnis oder umgekehrt. Das Kind ist nie im Weg, denn es gehört ja zu mir. Meine Tochter und ich haben und hatten eine sehr enge Beziehung, zumal auf meinen Lesereisen, auf denen sie mich früher oft begleitet hat. Unsere Tage waren gemeinsame Tage, und unsere Zeit war gemeinsam verbrachte Zeit. Ich denke, es hat uns beiden viel gegeben.

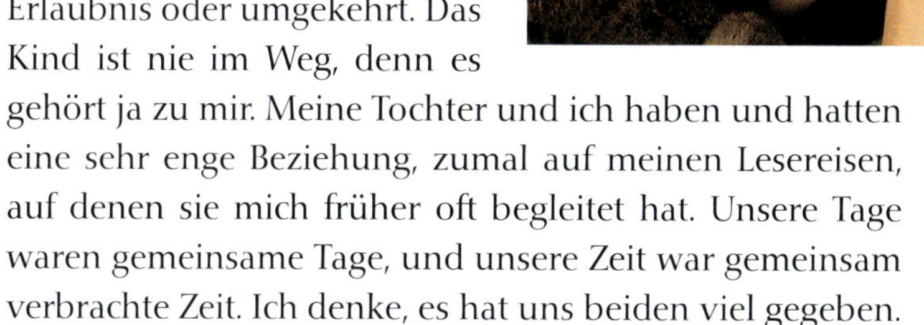

Rechte Seite: Am Flughafen nach meiner Buchvorstellung in München

Sie ist heute ein sehr selbständiges, selbstbewußtes Kind, ist sich meiner Liebe sicher. Sie weiß aber auch, daß ich für den Erhalt unserer Kleinfamilie zuständig bin, und wenn ich arbeite und nicht gestört werden kann oder verreisen muß, akzeptiert sie das, weil sie es versteht. Mein Leben, auch mein Erwerbsleben, ist nie an ihr vorbeigelaufen, sondern sie war stets integriert. So ruft sie mich dann halt auch mal in Italien oder Namibia an und fragt mich, wie die Matheaufgabe zu verstehen ist, an der sie gerade hängt.

Es gab aber natürlich auch schon Situationen, in denen ich mich gefragt habe, was ich hier überhaupt mache. Ich erinnere mich an einen »Talk im Turm« mit Erich Böhme, als Valeska mich kurz vor dem Auftritt noch übers Handy anrief. Ich war eben aus Frankreich nach Berlin geflogen, hatte sie tagelang nicht gesehen, und sie weinte. Am liebsten hätte ich den Auftritt sausen lassen und wäre in den nächsten Flieger gestiegen – was ich, im nachhinein gesehen, auch ruhig hätte tun können. Herr Böhme fand es lustig, unverhofft einen männlichen Kampfhund namens Matussek auf mich loszulassen. Er versprach sich davon vielleicht einen Knalleffekt, für mich war es vor allem vertane Zeit.

Auch das gehört zur Lebensfreude: mit sich selbst im reinen zu sein.

Als ich Valeska in der ersten Werbepause wieder anrief, hatte sich die Aufregung aber schon gelegt – dank meiner Mutter, die sich viel um sie kümmert. Seit einiger Zeit lebt sie zwei Häuser weiter, und Valeska pendelt nach Belieben, zudem betreut von unserem Au-pair-Mädchen Gabriela.

Was ist es noch, was mich ausmacht? Manche behaupten, wir Hauptmänner hätten einen sozialen Tick. Das mag möglich sein. Meine Großmutter Maria, passend verheiratet mit einem Josef, hatte sechs Kinder, alles Mädchen. Eine davon war meine Mutter, die Jüngste. Sie

lebten in Rheinfelden und hatten, wie andere auch, schlechte Zeiten durchzustehen. Das hinderte meine Großmutter jedoch nicht daran, jedem Bettler eine warme Suppe oder ein Stück Blutwurst anzubieten. Manchmal auch einige Pfennige. Meine Mutter, damals ein kleines Mädchen, beobachtete eines Tages, wie sie einem Mann, der an der Tür geklingelt hatte und offensichtlich sehr bedürftig war, zehn Pfennige gab. Zu der Zeit ein Vermögen. Wenig später entdeckte meine Mutter denselben Mann zufälligerweise auf einer Bank, in der Hand eine Flasche Bier. Entrüstet rannte sie zurück und erzählte ihrer Mutter aufgebracht, in was dieser Kerl ihr sauer erspartes Geld umgesetzt hatte. Meine Großmutter sagte folgendes dazu: »Dieser Mann hat vielleicht Sorgen. Wir wissen nicht, warum er trinkt. Wir haben ein Zuhause, und wir haben uns. Wir haben zu essen und zu trinken. Sind wir doch zufrieden!« Solche Eindrücke setzen sich fest. Meine Mutter, die später in Trossingen

MONTAG, 11 UHR. Heute kam ein herrlicher Brief. Ich bekomme ja überhaupt gern Post von Lesern und Leserinnen. Sie ist immer aufschlußreich und irgendwie aufbauend, aber dieser Brief fällt aus dem Rahmen. Ich trage ihn mit mir herum, weil ich es irgendwie klasse finde, auch Leser im Knast zu haben. Nur schade, daß er nicht angegeben hat, aus welcher Vollzugsanstalt er geschrieben hat. Ich hätte ihm gern zurückgeschrieben.
Zudem begleitet mich das Foto eines Holländers. Als er mir zum erstenmal schrieb, hatte ich das Gefühl, es mit einem zartbesaiteten Bürschchen zu tun zu haben. Das Foto, das Briefe später kam, zeigt dagegen den Boß einer Gang: wuchtige Schultern, breite und tätowierte Oberarme, buschige Augenbrauen, Zöpfchen bis zur Brust. Fehlt nur noch die Harley. Manchmal täuscht man sich doch in Männern …

einem an der Tür klingelnden Scherenschleifer Arbeit gab, bekam von einer Nachbarin zu hören, daß dies doch unmöglich sei. Der Mann würde doch nur alles vertrinken. Meine Mutter erklärte, daß sie ihn für seine gute Arbeit bezahlt habe. Was er mit diesem Verdienst anfange, gehe sie nichts an.

Ich denke, auch das gehört zur Lebensfreude: mit sich selbst im reinen zu sein. Es bohrt nichts und es zwickt nichts, wenn man nicht immer auf andere schielt. Klar sieht Claudia Schiffer tausendmal besser aus als ich, ist doch toll für sie. Und klar hat Steffi Graf tausendmal mehr Geld, ich gönne es ihr. Und wenn mein Nachbar einen neuen Wagen hat, dann teile ich seine Freude. Man könnte ihm natürlich auch gleich mal mit dem Schlüssel die Seitenteile verkratzen. Da wäre seine Freude dahin und die Schadenfreude des Täters groß. Für mich sind das unbegreifliche Anwandlungen.

Achtzig Jahre alt: Unsere Mutter erwandert sich die Galapagosinseln …

Unser »Molerhüsli« war jahrelang wie eine Bastion für uns. Auch nach dem Tod unseres Vaters wohnte meine Mutter, die, wie gesagt, acht Jahre während des Krieges dort oben gelebt hatte, völlig allein mit ihren Hunden und Katzen und den beiden Schildkröten über Wochen dort oben in der Einsamkeit. Sie genoß es, die kleine Welt um sich herum für sich zu haben und mitunter in die Vergangenheit eintauchen zu können. Nachts schloß sie noch nicht einmal die Fensterläden. Wozu auch, wer sollte schon kommen.

Vor Drehbeginn zu meiner Dokumentation über Karl Hauptmann fuhren wir, meine Mutter und ich, im November 1994 zum »Molerhüsli«. Wir hatten uns alte Höfe und Landschaften angeschaut, die Karl gemalt hatte, und nun war es mehr Zufall als Absicht, daß wir bei Anbruch der Dämmerung nochmals zum Hüsli fuhren. Wir stellten den Wagen ab, und ich erkannte, daß die schwere Eingangstür einen Spalt weit offenstand. Die Fensterläden, innen mit Eisen gesichert, waren zu. Es dauerte einige Sekunden, bevor ich begriff, was ich sah. Es war eingebrochen worden, das erste Mal seit 1910, seitdem das Häuschen in unserem Besitz ist. Ich bat meine Mutter zu warten und ging hinein. Auch die zweite Tür, ebenfalls eine schwere Holztür, stand offen. Mit einer Axt bearbeitet. Es war dunkel. Wir haben keinen Strom dort oben. Ich tastete mich vor, irgendwie roch es seltsam, und es schimmerte weiß. In der Dunkelheit war ich darauf gefaßt, eine über den Kopf zu bekommen, aber es war mir egal. Ich wollte vor allem wissen, ob unsere geliebte Petroleumlampe an der Decke noch ganz war, die von Karl selbst bemalten Schränke nicht zerstört, die Bilder nicht zerfetzt. Ich tastete nach der Lampe. Das Porzellan fühlte sich heil an. Gott sei Dank. Ich suchte in der Dunkelheit nach einer Taschenlampe, dann sah ich es: Alles war mit einer weißen, pulvrigen Schicht überzogen. Der Feuerlöscher stand leer in der Ecke, meine zerschlagene Gitarre lag daneben.

Unser »Molerhüsli« war jahrelang wie eine Bastion für uns. Unsere eigene Welt.

Wir arbeiteten zu sechst über eine Woche lang mit Gummihandschuhen und Mundschutz. Jeder einzelne Gegenstand mußte ins Freie getragen werden. Jedes Glas und jede Matratze, jedes Kleidungsstück und jedes Messer, jedes Buch und jeder Teller mußte mit Tüchern von dem Pulver befreit werden. Ein direkter Kontakt mit

Unser »Molerhüsli«

Wasser hätte alles verkrusten lassen. Dann mußte alles in die Autos verpackt und 160 Kilometer nach Hause zum Waschen gefahren werden, später wieder zurück. Es war ein unglaublicher Aufwand, und ich hätte die Kerle gern in diesem lungenzerstörenden Staub, der überall in der Luft hing, eingesperrt und nicht mehr herausgelassen, bis wieder alles im Urzustand gewesen wäre. Dann fand die Polizei heraus, wer es war. Zwei junge Männer, angestellt in einem großen Hotel im Feldberggebiet. Ich versuchte ihnen anhand einer Broschüre über meinen Großvater klarzumachen, welche Bedeutung das »Molerhüsli« hat. Als Widmung schrieb ich hinein: »Bei uns klopft man normalerweise einfach an.« Es veränderte nichts. Bei manchen Menschen hat es keinen Sinn, man kommt nicht in ihre Gehirnwindungen hinein. Als sie vor Gericht gefragt wurden, warum sie, nachdem sie ja bereits etliches aus der Hütte geklaut hatten, dann auch noch alles mit dem Feuerlöscher übersprühen mußten, sagte der eine achselzuckend: »Just for fun!« Für dieses »Just for fun« wäre ich gern in meine alte Walter-Wolter-Freistil-Mentalität zurückgefallen und hätte ihm direkt eins draufgegeben.

Fern aller Welten und Zeiten: Galapagos

Trotzdem haben wir den sozialen Virus in uns, denn was können die einen dafür, daß die anderen so sind. Meine Mitarbeiterin, sie heißt Heidi Zell und ist über ihre unverzichtbare Kraft im Büro hinaus auch noch meine Freundin, sitzt manchmal den halben Morgen lang an der Ausfertigung von irgendwelchen behördlichen und krankenversicherungstechnischen Formularen für Leute, die es nicht allein schaffen oder, weil sie Ausländer sind, es auch einfach nicht verstehen können. Zwischendurch, wenn es gar zu heftig wird, sagt sie dann: »Häng doch gleich ein rotes Kreuz raus, dann finden sie uns wenigstens leichter…«

»Eine Handvoll Männlichkeit«

Natürlich habe ich nicht nur eine soziale Ader, sonst würde ich Bibeldeutungen veröffentlichen, sondern auch eine zynische. Die zeigt sich vor allem, wenn ich schreibe. Mein fünftes Buch »Eine Handvoll Männlichkeit« ist der Zynismus pur. Während ich bei Ursula im »Toten Mann« noch gegen mich selbst, meine gute Ader, angeschrieben habe, konnte ich jetzt alles herauslassen, was mir an den Herren um mich herum, den »Günthers«, so auffiel. Anstoß war auch hier, wie könnte es anders sein, eine Begebenheit. Ich hatte eine Lesung in Hamburg, kam zum Hotel zurück und trank an der Hotelbar noch ein Gute-Nacht-Pils. Ein Mann im dunklen Anzug stand neben mir. Marke Geschäftsmann auf Reisen, Mitte Fünfzig, graumeliertes Haar. Er trank ebenfalls ein Bier. Nachdem er mich im Barspiegel schon ausgiebigst gemustert hatte, drehte er sich leicht zu mir hin. »Ich heiße Günther«, sagte er, »bin verheiratet, habe vier Kinder. Gehen Sie mit mir ins Bett?«

Ich habe natürlich nicht nur eine soziale Ader, sondern auch eine zynische.

Ich mußte lachen. Das war ja nicht zu glauben, die Kerle entspringen aus meinen Romanen und fragen sich im Leben, warum ich so etwas schreibe.

»Sie haben *Ja* zu ihrer Frau gesagt, und vermutlich auch noch *mit Gottes Hilfe.* Bleiben Sie dabei!« sagte ich.

»Aber ich könnte ja einmal eine Ausnahme machen«, antwortete er und hob das Glas.

»Was verschafft mir die Ehre?« wollte ich wissen. Er

Deutschlands schnellstes Postauto. Ein Gag meines Exfreundes

überhörte den ironischen Zungenschlag oder verstand ihn nicht.

»Sie gefallen mir!«

Das war natürlich ein Argument! Ich diskutierte eine Weile mit ihm. Anschließend war er wohl in seiner männlichen Ehre gekränkt. Was soll's. Er zahlte ziemlich beleidigt und ohne ein weiteres Wort sein Bier und ging. »Günther!« dachte ich und schaute ihm nach. Nichts an ihm, was mich auch nur im entferntesten gereizt hätte. Dagegen stand sein selbstverständlicher Anspruch, daß das, was ihm gefällt, ungeachtet der Umstände für ihn auch zu haben sein müsse. Einer, der mit dickem Bauch am FKK-Strand steht und die Figuren der Frauen kritisiert. Ich bestellte noch ein zweites Pils und bemerkte den

Seitenblick eines Mannes, der zwei Barhocker weiter saß. Offensichtlich hatte er gelauscht.

»Wir sind nicht alle so«, sagte er, als er meine Aufmerksamkeit wahrnahm.

»Wie dann?« fragte ich.

»Im Normalfall hören wir uns das, was Sie da eben gesagt haben, gar nicht erst an!«

Günther war geboren. Und mit ihm nicht nur der Sechzigjährige, der sich eine junge Frau ausguckt und unbedingt dann auch gerade diese eine haben will, um sein männliches Ego zu befriedigen, sondern auch noch gleich der, der seine lang angetraute Ehefrau, die dreißig Jahre versucht hat, »ihrem Günther« alles recht zu machen, möglichst ohne Hab und Gut aus dieser Ehe entlassen will. In meinem Buch denkt Günther, während er an seinem sechzigsten Geburtstag im Bett liegt und seine Frau aus dem Bad kommen hört: Ich will sie jetzt nicht anrühren. Ich will sie überhaupt nicht mehr anrühren. Ich bin jetzt sechzig und habe ein Recht auf ein neues, frisches Leben. Ich hab mir das verdient!

Wir haben uns auch sehr viel verdient, wir Frauen. Wir haben uns vor allem das Recht auf Selbstbestimmung verdient.

Wir haben uns auch sehr viel verdient, wir Frauen. Wir haben uns vor allem das Recht auf Selbstbestimmung verdient, und das ist die Grundvoraussetzung für jede Partnerschaft. Und da sind wir bei der Sprache, denn irgendwie muß man seine Bedürfnisse, seine Grenzen, seine Wünsche ja übermitteln. Es sind schon unzählige Bücher darüber geschrieben worden. Der Kern all dieser Erkenntnisse ist die Aussage, daß wir nicht die gleiche Sprache sprechen, Männlein und Weiblein. Und ich stelle es in Gesprächen mit Leserinnen auch immer wieder fest. Wenn Probleme auftauchen, dann meist, weil nicht klar ausgesprochen wird, was gemeint ist. Möglicherweise

liegt es an unserer Erziehung, Dinge diplomatisch anzugehen. »Schau mal, wie nett der Nachbar ist, er bringt seiner Frau immer mal wieder Blumen mit. Das freut sie bestimmt!«

Klar freut es die Nachbarin, aber was sie doch eigentlich sagen will, ist, daß SIE ganz gern mal Blumen von ihrem Partner hätte – oder eine andere Aufmerksamkeit.

Er wird auf einen solchen Satz mit »Möglicherweise hat er ja was gutzumachen«, reagieren, oder auch überhaupt nicht. Sie hängt mir ihrem Blumenwunsch weiterhin in der Luft. Klar ansprechen, was man will, dann weiß man auch, warum der andere es nicht tut oder es anders sieht. Frauen neigen dazu, Dinge blumig auszudrücken, um bloß keinem weh zu tun; dabei muß man mit Männern reden wie mit Hunden. Kurz, klar und präzise. Es muß für sie nachvollziehbar sein, was man sich wünscht, was man ablehnt. Es hat keinen Sinn, Männern gegenüber Sachverhalte verniedlichen zu wollen. Sie verstehen es nicht. Mein Freund behauptet manchmal, ich sei brutal. Das stimmt nicht, ich spreche nur seine Sprache. Wenn du das tust, dann tue ich das. Wenn du nicht, dann ich auch nicht. Ein weibliches Wischiwaschi hören sie sich eine Weile an, und dann hören sie weg. Sie meinen, es sei immer das gleiche und habe nichts zu bedeuten. Und dann kommt aus Männermund plötzlich mit ehrlichem Erstaunen: »Sie hat mich verlassen. Ich weiß überhaupt nicht warum. Sie hat doch nie etwas gesagt!«

Mit »Waleska« war der Sieg sicher (1974 in Fischbach)

Klar hat sie was gesagt, wahrscheinlich so oft, daß es ihr selbst zum Halse heraushing. Bloß hat er es nie verstanden. Statt ihm ein deutliches Ultimatum zu setzen nach dem Motto: »Wenn sich das und das nicht ändert, wird es folgende Konsequenz haben, und zwar zu genau diesem Zeitpunkt«, hat sie versucht, ihm die Dinge auf Umwegen klarzumachen.

Valeska und »Sir Whitefoot«

Frauen verletzen nicht gern. Zumindest nicht im Vorfeld, solange noch etwas zu retten scheint. Anschließend schon, dann können sie sich Bissen aus dem noch zappelnden Opfer reißen, daß sich jeder fragt, was denn nun plötzlich in sie gefahren ist. Sie war doch früher so sanftmütig, so nachgiebig, so überaus freundlich. Gemeinsam waren sie doch das harmonischste Paar weit und breit, eine Augenweide für die Umgebung, ein Vorbild für alle. Und jetzt das! Ja, gerade. Sie hat nachgegeben, sie hat ein Bild vermittelt, sie hat auf die freundliche Art versucht, ihm klarzumachen, daß doch nicht alles so toll ist. Er hat's nicht wissen wollen. Und schließlich bricht es heraus: Ärger, Wut, enttäuschte Erwartungen, Kommunikationsschwierigkeiten. Ein Partner, der nie »zugehört« hat, von ihren Problemen nichts wissen wollte, sie als gut funktionierende Maschine neben sich hat herlaufen lassen.

Wir Frauen müssen uns und anderen klarmachen, und zwar rechtzeitig, daß wir keine Maschinen sind. Wir sind mit einem ewigen Verantwortungsgefühl für jeden und alles ausgestattet und mit einem völlig idiotischen Hang zum Perfektionismus. Alles muß klappen wie am Schnürchen. Wir regeln Kind und Haushalt und Mann und Freunde und organisieren den Urlaub und die Feiern im Freundeskreis und das Weihnachtsessen für die ganze Fa-

Mit »Sir Whitefoot«, dem Pony meiner Tochter

milie mit vier Gängen und den nächsten Schulbasar. Wir sind völlig überfordert. Wir ärgern uns darüber, wenn unsere Männer auf Festen zusammen im Schatten sitzen und gemeinsam Bier trinken, während wir den Kindern nachjagen und sie dann auch noch nach Hause ins Bett bringen sollen, wenn es für Erwachsene überhaupt erst lustig wird. Wenn sie Einwände erhebt und meint, er könnte das auch einmal tun, sagt er: »Wer wollte denn die Kinder? Du oder ich?«

Nicht zu fassen, wie viele Frauen es noch gibt, die sich so gängeln lassen, selbst ganz junge. Doch immer häufiger rotten sich Frauen zusammen und stärken sich gegenseitig den Rücken. »So geht's nicht weiter!« Jawohl, so geht's nicht weiter. Aber warum ist es überhaupt bis hierhin so gegangen?

Wer sich im privaten Bereich nicht durchsetzt, wird auch im beruflichen Probleme bekommen. Ich appelliere an Frauen mit geringem Selbstbewußtsein, sich morgens vor den Spiegel zu stellen und laut und deutlich »Ich bin auch wer!« zu sagen und dann danach zu handeln. »Ich bin auch wer, wenn mein Sohn meint, ich könnte ihm die

Sonntag, 17 Uhr. Komme mit der fürchterlichen Erkenntnis nach Hause, daß ich meine Tochter völlig falsch erzogen habe. Heute morgen war ich noch mit ihr auf einem 90 Kilometer entfernten Turnierplatz, wo sie mit »Sir Whitefoot« den ersten Platz in der »Führzügelklasse« erritt, und jetzt, beim Tag der offenen Tür im Konstanzer Tierheim, weigert sie sich, die Gläser von meiner Mutter und mir an den Stand zurückzubringen. »Ich habe schließlich nicht daraus getrunken!«
Was mache ich jetzt mit dieser neunjährigen Göre? »Ich kann also für dich alles tun, das ist anscheinend normal, aber dir ist so eine kleine Geste zuviel?«
Keine Reaktion. Sie bleibt stur.
»Das nächste Mal kannst du nach Waldshut-Tiengen zum Turnierplatz reiten«, sage ich und spreche für die nächsten Tage ein Stallverbot aus. Irgendwie muß ich mich ja wehren und auch abreagieren. Ich setze mich auf mein Fahrrad und brettere durch die Pampa. Auf dem Rückweg treffe ich Magda und Herbert in der Hinnengasse. Ein Schnäpschen, selbstgebrannt natürlich, ist angesagt. Es entwickelt sich eine kleine, spontane Party, weil auch Maria gerade des Weges kommt. Alle haben sich schon über ihre Kinder aufgeregt. Ach, wie wohltuend das ist.
Als ich nach Hause komme, hat mein Töchterchen das – längst überfällige – Zelt im Garten abgebaut, alles verstaut, sogar die Reitklamotten aus dem Auto. Ein ordentliches, liebes Kind sitzt da, ready fürs Zubettgehen (...!), und strahlt mich unschuldig an.
Was so ein Schnaps nicht alles bewirkt!

Sachen nachtragen.« Es kann nicht unser Ziel sein, verhätschelte Söhne in die Welt zu setzen, mit denen sich die nachfolgende Frauengeneration erneut herumzuschlagen hat. Wir sprechen viel von den neuen Männern. In Wahrheit ist es doch so, daß es vor allem neue Frauen gibt. Frauen, die von Anfang an ihren Weg gehen. Wenn dann ein Mann dazu paßt, ist es gut, wenn nicht, werden keine Zugeständnisse auf die eigenen Kosten gemacht. Wer nicht kompromißfähig ist, hat Pech. Es gibt heute keinen Grund mehr zu heiraten, es sei denn, man tut es aus Liebe, weil man tatsächlich an eine Liebe bis ans Ende der Welt glaubt. Oder weil ein Ausländer eine Aufenthaltsgenehmigung braucht, weil man die spätere Rente nicht dem Staat schenken möchte, oder womöglich auch noch aus Steuergründen. Aber daß eine Frau »versorgt« werden muß, wie früher, als der Mann noch nach Bauch und Guthaben ausgesucht wurde, ist passé.

Mein Busenkind…

Auch so stellen sich Wohlbefinden und Lebenslust ein. Wenn ich für mich tue, was mir guttut, kann ich auch anderen von diesem Gefühl abgeben. Renne ich verbissen meinem Leben hinterher, wird mir das nie gelingen. Andere werden dann von einer gewissen »Schmallippigkeit« sprechen, und da hilft der beste Schönheitschirurg nichts. Aufgespritzte Lippen machen eben noch keinen großzügigen und zufriedenen Charakter.

Zum Wohlfühlen gehört meiner Meinung nach, außer seinen eigenen Weg zu finden und den dann auch zu gehen, der Mut, zu sich selbst zu stehen. Vielleicht ist es ab vierzig leichter, manche Dinge zu akzeptieren, die man früher an sich nicht so toll fand. Ich bin wahrlich keine Extremsportlerin. Ich fahre gern Ski und reite, wenn sich die Möglichkeit bietet. Aber ich kasteie mich nicht mit Dingen, von denen andere meinen, daß sie sein müßten, zu denen ich aber überhaupt keine Lust habe. Ich jogge nicht. Auf jedem Waldweg, auf dem ich renne, denke ich mir, daß es ein wunderbarer Reitweg wäre, also reite ich lieber. Ich habe früher, als ich noch im Allgäu lebte, unglaublich viel auf dem Rennrad gesessen. Berge rauf und runter, auf den Arlberg und zurück. Wir radelten auf Korsika auf einer bergigen, kurvigen, nicht abgesperrten Strecke aus Versehen sogar in die Rallye de Corse hinein. Drei Männer und ich auf der Spur von Walter Röhrl, sozusagen. Aber am Bodensee gibt es keine richtigen Berge, dafür unglaublich viele grell gekleidete Radtouristen. Hier hat mir das Rennrad noch nie richtige Freude gemacht. Gut, jetzt steht es in der Garage und wartet auf Wiederbelebung, und dann und wann denke ich, es wäre Zeit, und laß es stehen. Und der Fitneßkult geht auch an mir vorbei. Irgendwie schlägt es sich in den Gesichtern nieder, wenn man täglich an Maschinen herumzieht. Sie wirken angestrengt, bekommen harte Konturen und

Mit Freunden von Immenstadt im Allgäu über Oberstdorf und Warth nach St. Christoph am Arlberg (1986)

Linien. Was lobe ich mir da das sonnenbeschienene Gesicht einer Italienerin, die lachend ihr Rotweinglas hebt und den Abend begrüßt.

Natürlich genieße ich es auch, mich in Restaurants verwöhnen zu lassen. Wir haben hier in Allensbach alles, was man sich wünschen kann. Zwei wirklich gute Italiener, das *Seerestaurant* mit wunderbar frischen Fischen und ausgesuchtem Fleisch. Für seine berühmte Fischsuppe und den Wels »Halb-Halb« reisen die Gäste sogar aus Stuttgart an. Im *Weinbrunnen,* einem heimeligen Restaurant mit einer Laube, wo ebenfalls hervorragend gekocht wird, ist die Spezialität das »Bodenseefelchen in Cidre«. Und, nicht zu vergessen, im Zentrum von Allensbach ein Restaurant, das sich nach unserem Allensbacher Wahrzeichen, dem *Alet,* einem Fisch, benannt hat. Sein gastrono-

Mittwoch, 12:30 Uhr. Uwe steht in der Küche und kocht. Das tut er jeden Mittwoch, wenn ich da bin. Wir pflegen unseren sogenannten Mittagstisch. Uwe gehört zu meinem Freundeskreis, arbeitet in Allensbach und kocht in seiner einstündigen Mittagspause aus einem italienischen Kochbuch, und wir, in wechselnder Besetzung, stürmen die Plätze. Stimmt schon. Alles totale Genußmenschen. Wir lieben es, in netter Gesellschaft zu essen, zu trinken und dabei die Zeit durch die Finger gleiten zu lassen. Dinge zu erörtern, die für den Lauf der Welt unwesentlich sind. Wir gönnen uns die Zigarette danach und den Prosecco davor. Wir mögen uns, und es gibt immer mehr, die sich in dieser Runde wohl fühlen. Alles Menschen, die zupacken und arbeiten können, aber eben auch lockerlassen und zuschauen. Ich glaube, das eine stellt sich ohne das andere nicht ein. Wer nichts für den Genuß tun muß, wird ihn nicht mehr als Genuß zu schätzen wissen. So gesehen bleibe ich gern in der Welt der arbeitenden Mehrheit.

»Mittagstisch« in meinem Garten – Uwe (rechts) hat wie jeden Mittwoch gekocht, und meine Schwester (daneben) ist ebenfalls unter den Gästen.

misches Markenzeichen ist das »Gnadenseefeuer«, ein Schweinerückensteak. Gern und häufig trifft man sich zur Hausmannskost im *WW*, Wehrles Weinstube. Musikbegeisterte gehen in die *Ente*, und im Café *Schumacher*, wo es das beste selbstgemachte Eis zwischen Helsinki und Neapel gibt, versammeln sich die Leckermäulchen.

Tief drinnen sagt einem etwas, was uns guttut. Wenn es die morgendlichen zehn Kilometer durch den Wald sind, dann ist das sicherlich richtig. Wenn es statt dessen Blütenzupfen an Geranien ist, dann auch. Und wenn es einfach eine Stunde länger schlafen ist, erst recht. Ich denke, man muß einfach auf sich hören, in sich hineinlauschen. Instinktiv sieht und weiß jeder, wer der richtige Partner

Unersetzlich in unserer Mitte: Gabriela

ist, welches der richtige Job, welches das geeignete Hobby.

»Wenn ich mich morgens umdrehe, dann rieche ich meine Partnerin und freue mich, daß sie da ist.« Das sagte vorhin Uwe in meiner Küche und probierte nebenbei die Sauce. Und – Uwe hat recht. Es ist der Geruch, der einem vieles über den anderen Menschen sagt. Nicht alle passen zusammen; selbst wenn die Äußerlichkeiten noch so schön harmonieren, ist dem nicht zu trauen. Es ist der Geruch, die Chemie. Es ist die Stimme, es sind die Worte, die Gedanken, die den richtigen Impuls geben. Morgens hinübergreifen zu können und sich wohl zu fühlen, weil dort jemand liegt, den man »riechen« kann, das ist eine herrliche Sache. Uwe hat wirklich recht. Und meine Mutter ebenfalls, denn sie sagte gerade, während unseres

Mittagstisches, auch etwas Wichtiges: »Früher bin ich morgens aufgewacht und war einfach glücklich. Manchmal habe ich mich gefragt, worauf freust du dich eigentlich so, es war aber gar nichts Besonderes, es war nur der Tag!« Wohl dem, der solche Gefühle hat wie die einfache Freude auf den Tag.

Natürlich gibt es Einschränkungen. Keiner wird sich täglich auf seine Arbeit freuen. Ich auch nicht. Aber solange man noch im Bett liegt und diese Gefühle hat, gehen die Dinge leichter, sobald man aufgestanden ist. Und wenn man ganz lange Zeit beim Aufstehen keine Freude mehr hatte, müßte man eigentlich über den Tag nachdenken. Was läuft falsch, was kann man ändern, wo liegt der Fehler?

Oft ist der Knackpunkt, daß wir nicht mehr lockerlassen können. Wir stellen uns ein Leistungsprogramm auf, das irrsinnig ist. Schön sein, sportlich sein, erfolgreich sein, perfekte Mutter, begehrte Geliebte, verwöhnende Ehefrau. Tot und begraben. Ja, wirklich. Alte Schlampe und glücklich ist jedenfalls besser als perfekt und ungeliebt.

Ich rate Frauen, die mich anrufen, immer mal wieder, die Dinge, die sie in ihrem Leben besonders stören, aufzuschreiben. Wenn es hintereinander mehrmals die gleichen sind, muß man darüber nachdenken. Manchmal ist es auch nur die Umgebung. Düster, kaum Licht, keine Sonne, nachmittags bereits Schatten auf dem Balkon. Die Katze mußte beim Einzug abgegeben werden. Sie wohnt jetzt im Tierheim, und man kommt sich schäbig vor. Der Nachbar mosert, weil der Kinderroller im geputzten Flur steht.

Alte Schlampe und glücklich ist jedenfalls besser als perfekt und ungeliebt.

Ich habe so was auch schon erlebt. Im Mehrfamilieneigentumsferienhaus am See war ich die einzige Mieterin, dazu alleinstehend mit Kind, irgendwie ungehörig. Das

Donnerstag, 15 Uhr. »Schöner Wohnen« fragt an, ob ich ein paar Fragen für ihr Heft beantworten würde. Ich bin zunächst erstaunt, denn ich sehe mich nicht in der Kategorie »Schöner Wohnen«. Ich wohne so, wie es mir gefällt, und nicht so, wie es anderen gefällt. Es muß nicht »en vogue«, es muß authentisch sein. In Kleidern, Schuhen und in der Wohnung muß man sich wohl fühlen, sonst ist es wie eine fremde Haut. Und in einer fremden Haut möchte ich nicht leben. Aber gut, die Fragen kann ich ja mal beantworten. Ich wohne direkt am See, weil ich die Bewegungen des Wassers liebe. Mein Großvater war ja Landschaftsmaler im Schwarzwald. Er beherrschte die Kunst, Schnee und Licht perfekt zu malen. Wenn ich seine Gemälde anschaue, faszinieren sie mich immer wieder aufs neue. Ich spüre die Sonne, sie blendet mich direkt, und ich kann den Schnee greifen. Und in allem ist Bewegung. Ähnlich wie der See vor meinem Fenster. Er ändert ständig seine Farbe, seinen Rhythmus, sein Gesicht. Und weil der See alles dominiert, habe ich leichte Formen und helle Farben gewählt. Mediterranes Blau und Gelb, offene Räume, viel Glas und einen drei Meter langen, massiven Eßtisch, an dem immer genug Platz für Gäste ist. In meinem Garten gibt es Weinreben, Blumen und Nachbars Kater, und mein Bett steht unter einem großen Dachfenster. Da sehe ich mit meiner Tochter im Arm den Wolken und den Schneeflocken zu und gemeinsam mit meinem Freund den Morgen heraufdämmern.

Kind bekam zu seinem zweiten Geburtstag eine Schaukel geschenkt. Das Kind hatte seine Freude. Wir überlegten, wo wir sie aufstellen könnten, damit sie keinen stört. Das schmale Stück Garten neben dem Haus erschien uns günstig. Keinem wurde die Sicht auf den See genommen. Die Eigentümer der angrenzenden Ferienwohnung, viermal im Jahr da, kamen gerade und fanden auch, daß dies okay sei. Drei Wochen später die Beschwerde derselben

Leute bei der Eigentümerversammlung. Daraufhin kam der Brief meines Vermieters, die Schaukel störe an diesem Platz. Auf der anderen Seite des Hauses wurde der Schaukel und dem Kind eine Ecke gewährt. Da stand die Schaukel allerdings auf Kies, und das Kind wäre beim Schaukeln gegen die Hauswand geknallt, zudem stand die Schaukel natürlich nicht fest. Zwei Wochen später entdeckte ich die Schaukel plötzlich mitten im Garten, zwischen Haus und See, die schöne Seesicht der unteren Eigentümer versperrend. Was war passiert? Der Sohn einer Eigentümerin war angereist, hatte die Schaukel ungefragt hervorgeholt und aufgestellt – für seine eigenen drei Kinder.

Hast du was, dann bist du wer. Sicher es ist manchmal schwer, gegen die Vorurteile, die Engstirnigkeit und Ver-

Meine Schreibecke: Wie Lia Wöhr einst sagte: »Wo ich bin, ist Chaos, aber ich kann nicht überall sein!«

Rechte Seite: Galapagos – Unser Traumurlaub 1997

bohrtheit sogenannter »Großkopferter« anzukommen. Man mag kämpfen oder resignieren, aber immer sollte man seine Konsequenzen ziehen. Für sich und für andere, denn, egal was es ist, man lernt daraus.

Licht und Schatten. Sonne und Licht tragen viel zum Wohlbefinden bei. Nicht umsonst ist die Sonnenbank im Winter ein begehrtes Ziel. Ich schließe mich dem an. Ich gehe zwar selten und auch nicht, weil ich unbedingt durchgehend knallbraun sein müßte, aber wenn ein feuchtkalter Tag mir die Hosenbeine heraufkriecht und die Finger klamm werden läßt, wenn es irgendwie kein Entrinnen gibt, dann empfinde ich eine Sonnenbank als wohltuend. Ähnlich wie ein heißes Bad. Vor meinen Auftritten, wenn ich viel unterwegs war, überstrapaziert und übermüdet, wirkt das immer Wunder. Das innere Frieren hört auf, eine wohlige Wärme breitet sich aus. Ich komme warm und gutgelaunt bei meinem Termin an.

Erlaubt ist, denke ich, was einem guttut. Nach meinem neuen Buch »Ein Liebhaber zuviel ist noch zuwenig« wurde ich oft von Frauen gefragt, ob sie das denn tatsächlich tun könnten? Fremdgehen, einfach so? Eine meinte, sie würde ja gern, denn sie habe da einen tollen Typen kennengelernt und ihr Mann sei in letzter Zeit so fürchterlich passiv in allem. Ob sie sich das wohl gönnen könnte? Das fragte sie ausgerechnet mich, die gute Katholikin, die die zehn Gebote auswendig lernen mußte, unter anderem: »Du sollst nicht begehren deines Nächsten Weib.« Kein Problem, ist schließlich ein Mann.

Man mag kämpfen oder resignieren, aber immer sollte man seine Konsequenzen ziehen.

Doch trotzdem wird zwangsläufig die Frage laut, ab wann begehrt man denn plötzlich einen anderen oder eine andere? Solange man glücklich verliebt ist, liebt und sich der Liebe des anderen gewiß ist, doch sicherlich

nicht. Nach links und rechts schaut man doch erst dann, wenn es in der eigenen Partnerschaft nicht mehr stimmt. Mögen es auch nur Kleinigkeiten sein, die Liebe hat nachgelassen, die Beachtung, die Wertschätzung, vielleicht sogar der Respekt füreinander. Der Alltag regelt, worüber man sich früher noch besprochen hat, kleine Liebesdienste werden nicht mehr anerkannt oder sogar übersehen, die Verfügbarkeit des anderen wird selbstverständlich. »Mach mal. Kannst du mal? Hast du noch nicht?« Und plötzlich ist er da, der große Wunsch nach jemandem, der einen wahrnimmt. Der einem zuhört. Der sich kleine, nette Gesten ausdenkt, der einen begehrenswert findet. Und es flattern die Schmetterlinge im Bauch und rumoren, und man zertritt sie alle auf dem Boden zu Staub, wenn nicht sein kann, was nicht sein darf.

Betrachtungen

Höchste Zeit, um über sich, den Partner und die Verbindung nachzudenken. Was ist los? Was läuft schief? Dann der erste zaghafte Versuch, das Thema zur Sprache zu bringen. Was ist mit dir? Was ist mit uns? Der andere faßt es sofort als Kritik auf und macht zu, zieht sich zurück. Im Beisein Dritter dann die Anklage, die peinlichen Schuldzuweisungen. »Du hast aber. Du bist aber. Du tust nie!« Alles entgleitet, man sieht nur noch die schlechten Seiten, kann die Art, wie er ißt, nicht mehr ertragen, die Art, wie er schläft; seine Rituale sind einem zuwider. Alles steht einem weit über der Halskrause.

Ist es das noch? Kann es das noch sein?

Arbeiten wir daran, oder werfen wir es hin?

Es sind Kinder da.

Können Kinder kitten? Und wenn ja, wie lange? Bis sie groß sind? Damit man sich später anhören muß: »Aber wegen uns hättet ihr doch längst…« Inwieweit soll man überhaupt für Kinder auf ein eigenes Leben verzichten? Oder läßt es sich vielleicht doch vereinbaren? Ein Wandel mit Kindern? Radikal vielleicht, aber wenn beide Teile einsichtig sind, mit gemeinsamer Basis?

Ich habe, wie jeder andere auch, in meinem Bekanntenkreis mehrere Zweitehen mit Kindern. Patchworkfamilien, wie das so nett heißt. Es ist zugegebenermaßen schwierig, denn die Kinder verlieren einen Elternteil. Aber auch nur, wenn die Erwachsenen damit unverantwortlich umgehen, wenn sie die Kinder als Waffen gegeneinander einsetzen. Das tun Eltern aber auch häufig in einer zerrütteten Ehe. So manches Kind bleibt auf der Strecke, weil sich die Eltern zu Hause bekriegen, aber zum vermeintlichen Wohl des Kindes keine Konsequenz ziehen. Ich habe eine jugendliche Brieffreundin, die mir regelmäßig kleine Briefe, E-Mails und Postkarten schreibt oder Kurznachrichten aufs Handy sendet. In ihrem letzten Brief stand: »… Mir geht's momentan nicht gut, muß unbedingt mal irgendwohin, weg von zu Hause. In dem ganzen Krach und Geschrei kann ich kaum in Ruhe Hausaufgaben machen. Meine Eltern fahren im Herbst eine Woche weg – ohne mich. Das wird eine gemütliche Woche. In genau

Ab wann begehrt man denn plötzlich einen anderen oder eine andere?

Freitag, 13 Uhr. Komisch, warum die Leute immer so verwundert tun, wenn sie erfahren, daß ich keine Geheimnummer habe. Warum sollte ich? »Werden Sie nicht fürchterlich oft belästigt?« ist dann die erstaunte Frage. Ja, ich werde häufig angerufen, aber selten belästigt. Und wenn doch, dann kann man so ein Gespräch schließlich beenden. Es gab eine Zeit, da war man waaahnsinnnig wichtig, wenn man eine Geheimnummer hatte, weil es etwas Besonderes war. Jetzt kann man es sich aussuchen, und plötzlich sind alle waaahnsinnnig wichtig. Was hat es mich schon genervt, wenn ich einer einfachen Telefonnummer hinterherrecherchieren mußte, nur weil ich sie verlegt hatte und die Auskunft keine Auskunft gab.
Ich will aus mehreren Gründen erreichbar sein. Zum einen stören mich Leser nicht, die anrufen, weil sie eine Frage haben oder spontan etwas über meine Bücher sagen wollen. Sie schildern ihre Ansichten, ihre Erfahrungen, ihr Leben. Das gibt Anhaltspunkte, manches reimt sich zusammen und fügt sich ins Bild. Viele Stimmen zusammen zeigen zuweilen auch einen Trend auf. Ich habe nichts gegen ein Feedback, weder per Telefon noch per Brief oder E-Mail. Wenn's zuviel wird, wehre ich mich schon.
Und außerdem will ich keine Geheimnummer wegen meiner Tochter. Die Vorstellung, daß sie in ein Auto läuft oder vom Pferd fällt und man mich nicht schnell genug benachrichtigen kann, weil ich nicht im Telefonbuch stehe, ist für mich Grund genug, jederzeit für jederman erreichbar zu sein.

einem Monat bin ich den ersten Tag alleine, freu mich schon! Einfach ganz gemütlich aufstehen, ohne Krach.«

Ganz klar prägt uns unser Umfeld. Ich meine damit nicht, daß man eine Entschuldigung für alles hat. Irgendwann ist der Mensch erwachsen und muß sein Leben selbst in die Hand nehmen und selbst entscheiden, ob er an sich

arbeiten oder nur andere für seine Misere verantwortlich machen will. Gestern, beim Zahnarzt, hielt mir unten im Eingang eine Dame um die Siebzig mit ihrem Pudel an der Leine die Haustür auf. Sie hätte sie auch zufallen lassen können, ich war etliche Stufen hinter ihr. Nein, sie stand und wartete.

»Das ist aber sehr freundlich von Ihnen. Vielen Dank!«

»Bin so erzogen, hab's beibehalten.«

Schön, dachte ich mir. Schöne kleine Geste im Alltag. Wie das Lächeln eines Unbekannten auf der Straße. Schon mal lächelnd durch eine Fußgängerzone gegangen? Sie erregen Aufmerksamkeit. Wahrscheinlich mehr als mit giftgrünen Haaren und drei rostigen Nägeln in der Stirn. Die einen schauen verblüfft, die anderen lächeln spontan zurück, nicken sogar, überlegen wahrscheinlich, ob man sich kennt. Andere schauen gezielt weg, senken den Blick. Dem Lächeln eines anderen auszuweichen empfinde ich als eigenartige Reaktion. Aber es gibt tatsächlich immer wieder Menschen, auch in meinen Lesungen oder bei den Lesungen anderer, die keine Miene verziehen. Sie schauen stur und teilnahmslos und irgendwie ablehnend auf einen Punkt am Lesetisch. Um sie herum wird gelacht, die Leute bewegen sich, rutschen auch mal auf den Stühlen, aber nein, da sitzt ein Mensch, an dem alles vorbeizugehen scheint. Manchmal nehme ich mir so jemanden gezielt aufs Korn. Ich denke, irgendwie müssen dem Emotionen zu entlocken sein. Man kann doch nicht freiwillig zu einem eigentlich unterhaltsamen

Schnurrte wie ein ausgewachsener Tiger: In Las Vegas bei Siegfried und Roy mit einer ihrer »Hauskatzen«

und fröhlichen Abend gehen und dann zwei Stunden stur und regungslos auf seinem Stuhl sitzen, als ob man beim Arbeitsamt auf eine Absage wartet. Aber man kann. Und das Erstaunliche daran ist, daß manchmal genau diejenigen danach beteuern, wie unterhaltsam und witzig und wahr alles sei, was ich in den letzten zwei Stunden gesagt hätte.

Es gibt Menschen, in deren Gegenwart fühlt man sich einfach wohl, und andere, da ist einem irgendwie unbehaglich zumute. Ich habe darüber nachgedacht, wovon das bei mir abhängt. Ich selbst bin die Mischung zwischen Genußmensch und Arbeitstier. Und ich stelle fest, daß der Freundeskreis um mich herum ähnlich ist und daß immer mal wieder Leute zueinanderfinden, die, unbewußt oder bewußt, auch so sind. Das Arbeitstier an sich bleibt auf dem Boden der Tatsachen. Wo nichts gearbeitet wird, gibt's kein Geld. Punktum. Ich kann Tage und Nächte durcharbeiten, weil ich weiß, daß es sein muß, und weil ich ein Ziel vor Augen sehe. Aber ich genieße genauso exzessiv, wie ich arbeite.

Ich kann mich dem Genuß völlig hingeben, mich in Sonnenuntergängen, Berührungen, guten Weinen verlieren. Ich kann auch den Augenblick genießen, den Anblick eines Marienkäfers, wie er über meinen Zeh krabbelt, das Klingen der Gläser mit Freunden. Ich bin ein absolut sinnlicher Mensch. Ich finde, Liebe ist etwas Herrliches, solange sie geschenkt und nicht gefordert wird. Ich freue mich über jedes Pärchen, das glücklich miteinander ist. Zärtlichkeit tut nicht nur gut, sie schenkt einem auch viel. Lust am Leben, Freude an den kleinen Dingen und auch die Kraft, Widrigkeiten anzugehen.

Es entsetzt mich, daß die offizielle katholische Kirche die Frauen noch immer wie Gebärmaschinen betrachtet. Kein Sex ohne den Willen zum Kind. Da die meisten Menschen nicht nur dreimal in ihrem Leben Sex haben wollen, ist es ein unverantwortliches Gebot. Das ist eine Lustbeschränkung auf die Männer und ein Fußtritt für die Frauen. Ihnen wird so von vornherein jede Möglichkeit genommen, dabei etwas anderes zu empfinden als die Sorge, schwanger zu werden. Ein wichtiger Teil weiblicher Selbstbestimmung und weiblicher Lebensfreude fällt weg. Es erscheint mir wie Diebstahl. »Du sollst nicht stehlen.« Ist das nicht auch ein katholisches Gebot?

Dagegen finde ich die katholischen Ordensfrauen klasse, die an schwarze Südafrikaner Kondome verteilen. Die Männer tragen Aids in ihre Familien, nachdem sie sich an infizierten Prostituierten ausgetobt haben. Dort grassiert auch der schreckliche Aberglaube, man könnte AIDS, wie im übrigen auch Syphilis oder andere Geschlechtskrankheiten, durch Defloration einer Jungfrau loswerden. Die Zahl der Vergewaltigungen und damit die HIV-Infizierung junger Mädchen geht ins Uferlose. Doch anscheinend gibt es niemanden, der diese Männer von ihren irrwitzigen Vorstellungen abbringt. Sowieso nicht, solange ihnen die Kirche in dem, was sie tun, recht gibt. Kondome sind schließlich Sünde wie jede andere Verhütung auch.

Eine runde Geschichte: Bine, Gabriela, Valeska, Doris und Katja in meinem Garten (v.l.)

Im Fernsehen sah ich einen Bericht über Maria Furt-

Sommerlaune

wängler, die Frau des Verlegers Hubert Burda. Statt sich beim Champagnercocktail gepflegt über die neuesten Modetrends in Mailand und die In-Yachten im Mittelmeer zu unterhalten, geht sie zeitweise als Ärztin in Slums und behandelt dort alle, die krank sind und Hilfe brauchen.

Ich denke, solche Frauen haben die Wahrheit gefunden. Es gibt immer Möglichkeiten, sich bei irgend etwas einzubringen. Und wer nicht die Schattenseiten kennt, sondern nur immer obenauf schwimmt, wird das Schöne nicht mehr schätzen können.

Genuß kann immer nur zeitlich begrenzt sein. Wer nicht mehr zu träumen braucht, weil er sich alle Träume erfüllen kann, wird irgendwann auch nicht mehr genießen können. Genuß wird alltäglich und somit lang-

ROM

Samstag, 21 Uhr. Stehe mal wieder bei einem Empfang herum und frage mich, warum eigentlich immer alle unbedingt die Größten sein wollen? Ist das eine menschliche Eigenschaft, oder ist es ein tierischer Urtrieb? Pfauen schlagen Räder, Echsen pumpen sich auf, Hähnen schwillt der Kamm. Imponiergehabe scheint in der Tierwelt eher männlich besetzt zu sein. Bei uns ist der Druck, gut zu sein, geschlechtslos. Alle streben nach oben und übersehen dabei, daß auch kleine Fortschritte ein Grund zur Freude sein können. Wer zu schnell hochschießt, verpaßt diese Stufen. Möglicherweise fehlt dann das Gerüst, der Unterbau. Das merkt man aber erst, wenn man abgestürzt ist und wieder ganz unten sitzt.

weilig. Aus der Langeweile wächst die Unzufriedenheit und schließlich die Skepsis. Warum sind diese und jene Menschen um mich herum? Weil ich es ihnen wert bin, oder weil ich so viel wert bin?

Ich werde nie zu den Reichen gehören, aber ich habe meine Nische. Ich habe meine Träume, und wenn ich mir den einen oder anderen erfüllen kann, dann kann ich mich noch richtig darüber freuen. Und das hat auch etwas mit Lust zu tun.

Liebe, Lachen und Lebensglück

Manchmal werde ich gefragt, warum meine Romane oft im Milieu der Reichen oder vermeintlich Reichen, zumindest der Erfolgreichen, angesiedelt sind. Ich denke, nirgends sonst gibt es so viele Intrigen, soviel Schadenfreude und soviel Neid wie genau dort. Ich habe in Schrebergärten für den Hessischen Rundfunk gedreht. Es empfingen mich rundherum zufriedene Menschen, mit Gartenzwergen und selbstgebauten, wasserbetriebenen Mühlrädern in ihren gepflegten Gärten, auf die sie stolz waren. Sie freuten sich gemeinschaftlich über den neuen Grill des Nachbarn und weihten ihn auch gleich zusammen ein. Irgendwie schien mir alles offen und herzlich zu sein. Und ich hatte nicht das Gefühl, es mit Marionetten vor einer Kulisse zu tun zu haben. Im Kreis derjenigen aber, die meinen, es geschafft zu haben, die glauben, jemand zu sein, weil sie Kellner schikanieren und um VIP-Karten streiten können, in diesem Kreis siedeln sich meine Geschichten an, weil ich sofort ein leichtes Grinsen bekomme, wenn ich nur daran denke. Es ist zu schön, wachen Auges und hellhörigen Ohres dabeizusein. Sobald es geht, wird falsch gespielt, über den schlechten Chirurgen der einen und die besonderen Ambitionen der anderen hergezogen. Die Herren gehen fremd, die Damen wissen es meist und kaufen sich dafür ein Cartier-Collier. Zum Trost oder

Im Kreis derjenigen, die glauben, »jemand zu sein«, siedeln sich meine Geschichten an, weil ich sofort ein leichtes Grinsen bekomme, wenn ich nur daran denke.

doch eher als Vorsorgemaßnahme, bevor er es der anderen schenkt. Dazwischen die normalen Gestalten, wie Ina oder Nancy in »Die Meute der Erben«, die ihren gesunden Menschenverstand einbringen, den aber niemand versteht. Wie auch?

Die Geschichten sind natürlich übertrieben, das heißt, im Fall von »Die Meute der Erben« erzählten mir manche Leser, daß es in Wirklichkeit noch schlimmer sei. Mehr möchte ich mir eigentlich nicht vorstellen müssen. Aber vier Schwestern, die mit ihren Ehemännern darauf lauern, daß der betagte, aber vermögende Vater stirbt, während er ihnen durch den Pakt mit einer jungen Frau ein Schnippchen schlägt – das ist es, was ich so manchem Alten gönne. Die Meute austricksen. Wobei ich in der Geschichte auch an mich selbst gedacht habe, und zwar in Form der 84jährigen Romy. Immer das Klischee, alte Frauen müßten ins Altersheim und irgendwie unauffällig sein. Blödsinn, ich bin genau der gegenteiligen Meinung. Gerade wenn man alt ist, hat man das Recht, die Dinge zu tun, die man sich früher vielleicht nicht getraut hat. Liebe im Alter – warum nicht? Gibt doch nichts Bekömmlicheres, ob mit vierzehn oder 84 – wer sich glücklich verliebt, blüht auf. Und wenn sich diese Liebe mit achtzig nicht mehr einfindet oder schon gestorben ist, warum sollte man sich dann verbissen und verbiestert in die Einsamkeit eines kleinen Zimmers zurückziehen? Sei es im Altersheim oder bei der Familie, die einen eigentlich auch nicht will. Als Seelenverwandte der 68iger ist das für mich keine Frage: Wir gründen eine Alterskommune. Eine alte Villa, vier alte Damen, ein Kümmerer, jung und appetitlich, und eine Hilfe. Das dürfte nicht viel mehr kosten als der Platz in einem Altersstift, aber viel lustiger sein. Es sei denn, man wird plötzlich verschroben und engstirnig, bekommt den Altersgeiz und das Mißtrauen, jeder könne einen vorn und hinten beklauen.

Irgendwann bekommt eine abgeschnittene Pflanze wieder einen frischen Trieb. Man muß ihr nur Zeit lassen.

Und damit bin ich bei den negativen Gefühlen. Ich kann das Geschwätz vom ewig Positiven nicht mehr hören. Denk positiv, red positiv, laß dich nicht so hängen. Gut gesagt, wenn einem nicht danach ist. Wenn man deprimiert ist, wenn der Partner einen hintergeht, egal in welcher Form, wenn der Arbeitsplatz wackelt, wenn alles den Bach hinuntergeht, bleibt für den Moment nichts Positives. Dann ist es einfach rundherum beschissen. Es nützen auch keine Freunde, die »Kopf hoch, wird schon

Mit »Bianca«, unserem Zauberhäschen, einem klugen und lustigen Tier, dessen Zeit leider viel zu schnell abgelaufen ist

wieder«, sagen. Es nützt überhaupt nichts, denn im Moment sieht es so aus, als würde es nie wieder werden. Ich denke, man muß andere auch mal ihren Schmerz, ihren Tiefpunkt ausleben lassen können, ohne immer gleich den Versuch zu starten, sie aufzufangen. Es ist kein wirklicher Trost, wenn man über den Mann, der die Freundin eben verlassen hat, sagt: »Der hat sowieso nicht zu dir gepaßt. Vergiß ihn!« Sie hat das Recht darauf, um ihn zu trauern, über den Verlust zu heulen, sich mies drauf und schrecklich zu fühlen. Irgendwann schlägt es von allein um. Irgendwann bekommt eine abgeschnittene Pflanze wieder einen frischen Trieb. Man muß ihr nur Zeit lassen. Man muß sich um sie kümmern, darf sie aber nicht verbiegen. Auch pures Selbstmitleid darf dann und wann sein. Warum nicht, wenn einen schon kein anderer bemitleidet? Hat einer Verständnis, wenn Michael Schumacher über einen verlorenen Sieg jammert, während sich in Rußland die Angehörigen von 114 U-Boot-Matrosen vorstellen müssen, wie diese Männer in 112 Meter Tiefe jämmerlich verrecken? Nein. Trotzdem hat Michael Schumacher Grund zum Jammern. Es ist sein Schmerz. Er hat ein Recht darauf, sich unglücklich zu fühlen.

Mit Emotionen wird Kasse gemacht. Emotionen, Voyeurismus, Sensationsgeilheit. Auf Kosten der Leute, die das gar nicht wollen. Eine Frechheit, doch wie befreit man sich davon? Dagmar Berghoff – war sie beim Schönheitschirurgen? Eine Nation schreit auf, hätte man damals bei der Berichterstattung meinen können. Na und? Hat sich jemand den Journalisten angeschaut, der den Bericht geschrieben hat? Vielleicht hätte der Schönheitschirurg den Typen schon gar nicht mehr genommen. Oder die zerrütteten Ehen prominenter Zeitgenossen. Es sind Menschen wie andere auch. Sie lieben sich, sie streiten sich, sie trennen sich. Wo ist hier die Sensation? Ob einer Becker, Wussow oder Maier heißt, wo ist da der Unterschied? Wenn über einen hergezogen wird, muß man sich dem stellen. Und ich denke, das gilt genauso für den häuslichen Bereich. Menschen werden oft ganz klein, wenn man sie nach dem fragt, was sie gerade noch hinter dem Rücken über einen gesagt haben. Plötzlich wollen sie nicht mehr so richtig wissen, worum es eigentlich gegangen ist. Ich konfrontiere Menschen gern mit dem, was sie mal gesagt oder getan haben. Und ich nagele sie darauf fest. Es ist ein irgendwie beliebtes Spiel, Kritik nicht offen auszusprechen. Also kommt sie über Umwege: »Andere sagen auch, du wärst zu freizügig!«

Dinge, die in der Luft stehenbleiben, können mehr weh tun als zunächst angenommen.

Rechte Seite:
Doris und ich. Wir fahren schon seit 25 Jahren gemeinsam durchs Leben. Diese Aufnahme entstand etwa fünf Minuten vor unserem verheerenden Unfall.

»Wer andere?«

»Nun, in deiner Clique!«

»Wer in meiner Clique?«

»Ich will nicht, daß du demjenigen gegenüber schlechte Gefühle kriegst...«

»Die hab ich schon, und zwar dir gegenüber. Sag, was du zu sagen hast, aber sag's selbst.«

»Es geht gar nicht um mich!«

»Ach. Um wen dann?«

»Um dich!«

»Das hatten wir schon. Also, wer hat ein Problem mit meiner sogenannten Freizügigkeit?«

Spätestens jetzt wird ein blitzartiger Themawechsel versucht. Was ich damit sagen will, ist, daß Dinge, die in der Luft stehenbleiben, mehr weh tun können als zunächst angenommen. Man überlegt dann nämlich tatsächlich, war das so? Lästern meine Freunde wirklich hinter meinem Rücken? Ich habe bei solchen Dingen immer so lange gebohrt, bis ich einen Namen hatte, und denjenigen habe ich dann im Beisein des Hinterbringers angerufen. Müßig zu erwähnen...

Auch der Satz: »Das habe ich doch gar nicht so gemeint! Du weißt doch, daß ich es nicht so gemeint habe!«

Es ist ein warmes Gefühl, einen Menschen zu haben, der einem, egal was passiert, zur Seite steht.

Das ist mir völlig egal. Ich nehme Menschen ernst, zumal Freunde. Gesagt ist gesagt, und ich halte mich dran. Heute Müll auskippen, und morgen war's gar nicht so? Dinge, die gesagt werden, haben schon irgendwo geschlummert. Der einzige Vorwurf, der hier zu machen wäre, ist, daß man Verletzungen oder Ungereimtheiten nicht sofort klärt und bereinigt. Wenn der Berg zu groß wird, gibt' s meist kein Zurück mehr. Seltsamerweise sieht man das oft bei gleichgeschlechtlichen Freunden,

und zwar bei den sogenannten besten Freunden und den besten Freundinnen. Plötzlich, von heute auf morgen, wird da eine Lawine losgetreten, manchmal nur durch eine Winzigkeit. Die Situation eskaliert, der andere bleibt völlig bedeppert zurück, versteht die Welt nicht mehr. Loslassen! Nicht jede Freundschaft hält für ein Leben. Nach manchen Jahren driftet man auseinander – vereinnahmende Beziehungen, andere Berufe, andere Gesichtspunkte, andere Einstellungen, der eine erfolgreich, der andere nicht, der eine beliebt, der andere geduldet. Wie auch immer. Wenn die Bindung, der Faden reißt, war's nicht ohne Grund. Es brodelte schon lange, nur heimlich.

Ich denke, man kann Geld im Leben haben, und Erfolg, Begabungen und Glück – wenn man keine Freunde hat, ist man ein armer Mensch. Mein Freundeskreis ist ziemlich alt und ehrlich. Ich habe das Glück, Freundinnen zu haben, die mir gleich ins Gesicht sagen, was los ist. Ich muß bei keiner ihrer Sätze nachfragen: »Meinst du das auch so?« Sie meinen, was sie sagen. Schonungslos und offen – einfach wohltuend. Und sie können sich auch ganz ehrlich freuen. Sie freuen sich über jedes meiner

MITTWOCH, 18 UHR. Habe eben mit einem Freund aus vergangenen Tagen telefoniert. Wie Gespenster tauchen sie manchmal auf, jahrelang hört man nichts, plötzlich sind sie dann wieder da, als sei die letzte Begegnung erst gestern gewesen. Irgendwie scheinen wir unsere Bahnen gemeinsam zu ziehen. Oder wir kehren unbewußt dorthin zurück, wo wir uns einmal wohl gefühlt haben. Ich muß für so manchen wohl so ein Hort gewesen sein, denn auf irgendeine Art klopfen alle irgendwann wieder an. Mein Freund meint, bei mir gäbe es nur zwei Möglichkeiten, sich seiner Haut zu wehren: fliehen oder vertrauen. Er ist noch da.

Galapagos:
Flucht aus den engen Kabinen der »Tiptop«, hinauf unter den Sternenhimmel

Bücher und über den Erfolg. Es hat sich noch keine einzige abgeseilt, weil ich plötzlich nicht mehr hinter, sondern vor der Kamera stand, weil man mich zwischendurch in Talkshows oder in Zeitschriften sieht. Jeder meiner Erfolge ist auch ihr Erfolg. So sehen sie es, und ich bin ihnen dankbar dafür.

Meine älteste Freundin heißt Doris, und eigentlich ist sie mehr eine Schwester. Ich kenne sie jetzt seit genau dreißig Jahren. Wir waren schon in der Schule unzertrennlich, machten die Hausaufgaben gemeinsam, durchlebten und durchlitten unsere Pubertät, teilten die Sportarten und auch die Jungs, wenn es sein mußte. Wir verloren uns eine Zeitlang aus den Augen, als sie in Stutt-

*Rechte Seite:
Vom Rodelhang in Oberlech mit dem Hubschrauber in die Klinik nach Schruns – eine stundenlange, nächtliche Operation, und Doris lacht schon wieder.*

gart, in Stammheim, Lehrerin wurde und dann für zwei Jahre nach Amerika ging, aber wir fanden uns im Anschluß wieder, als hätte es nie ein Auseinander gegeben. Es ist ein warmes Gefühl, einen Menschen zu haben, der einem, egal was passiert, zur Seite steht. Sie ist lebensfroh und unkompliziert, eine begehrte Partie, unabhängig und attraktiv. Ein warmherziger Mensch, der in Krisensituationen Flagge zeigt. Wäre sie ein Kerl, würde ich sagen, daß ich mich auf ihre Schlagkraft verlassen kann.

Wie durch ein Wunder sind wir meist zur gleichen Zeit verliebt, und wie vom Teufel verhext passieren schlimme Dinge dann, wenn wir zusammen sind. Vom Sturz vom blanken Pferderücken auf der Koppel, der ihr vor 25 Jahren eine kleine Delle in den Nasenrücken gedrückt hat, will ich gar nicht reden, aber von unserem Rodelunfall vor zwei Jahren, der sie den Fuß hätte kosten können.

Sonntag, 13 Uhr. Meine Freundin Ulla behauptet, ich hätte einen Riecher dafür, wenn es ihr nicht gutginge. Wochen- und sogar monatelang würde ich nichts von mir hören lassen, aber immer, wenn es wichtig sei, wäre ich plötzlich da. Und jetzt sagt auch Maria gerade dasselbe. Ich denke über mich nach. Habe ich etwa eine besonders sensible Ader, die mir die Notsituation eines Freundes einflüstert? Keine Ahnung, ich denke einfach plötzlich an jemanden und setze den Gedanken in die Tat um. Möglicherweise könnte ich diese Gabe aber auch anders einsetzen. Im Jackpot dümpeln derzeit einige Millionen, habe ich der Radiowerbung entnommen. Die suchen sicherlich verzweifelt eine Zielgerade. Ich könnte ihnen eine bieten und mit dem Geld am Bodenseeufer eine WG bauen. Für Ulla und Maria und Doris und Karin und Heidi und Bine und Gabriele und Micheline und Madeleine. Und für ein paar auserwählte Männer. Keine toten und keine impotenten. Davon gibt's schon genug.

Man kann's eigentlich nicht glauben. Da fahren wir seit Jahren miteinander Ski, durch jedes Gelände und nicht gerade besonders zivilisiert, und ausgerechnet auf einem Kinderschlitten schlägt ihr die Kufe im Sturz das Fußgelenk durch. Trümmerbruch, 18 Schrauben, zwei Platten, ein Jahr an der Krücke, Bewegungstherapie und eine Entzündung, die sich einfach nicht beruhigen will. Aber Doris jauchzte im letzten Winter, als sie zum allerersten Mal wieder auf Skiern stand und vorsichtig einen Babyhang hinunterfuhr. Sie, die über Gletscherspalten gesprungen ist! Ich bewundere ihren Mut, ihre Lebenslust, ihre Gabe, im kleinsten Fortschritt ein großes Glück zu sehen. Sie ist auch ein begnadetes Beispiel dafür, daß man sich immer wieder emporstrampeln kann, man muß nur daran und vor allem an sich glauben.

Manchmal nützt aber auch der Glaube an sich selbst nichts, wenn es andere nicht auch tun. Jeder hat auf seinem Weg durchs Leben ein paar Meilensteine. Komischerweise bin ich, wenn es um negative Erfahrungen mit Menschen geht, recht vergeßlich. Manches ärgert mich im nachhinein zwar noch, aber es belastet mich nicht. Ist es erst aufgearbeitet, ist es vorbei. Dagegen weiß ich noch genau, ähnlich wie ein Elefant, wer mir etwas Gutes getan, wer mir in schwierigen Situationen geholfen hat. Das vergesse ich nie und trage es hoch vor mir her. Ein Bankangestellter in Konstanz beispielsweise hielt mich über Wasser, nachdem ich mit meinem Baby ein Jahr nicht arbeiten konnte, keinen Pfennig Geld bezog und mir mein Erspartes durch einen üblen Trick und durch meine anerzogene Vertrauensduselei auch noch geklaut worden war. Ohne den Dispokredit dieses Bankers und die Hilfe meiner Familie und

Jeder hat auf seinem Weg durchs Leben ein paar Meilensteine.

meiner Freunde wäre ich tatsächlich untergegangen. Er hat den Kopf für mich hingehalten. Ich glaube, wenn die Summe meiner Miesen herausgekommen wäre, hätte er massive Probleme bekommen. Der Grund für seine Hilfe war folgender: Er glaubte einfach daran, daß ich es wieder schaffen würde. Und das ist auch so ein Punkt. Vertrauen in jemanden zu setzen, in ein Produkt, in eine Fähigkeit, in einen Willen. Es tut gut, wenn andere einem etwas zutrauen, einem vertrauen. Das steht bei mir auf der Liste ganz oben. Ich habe einen Fernsehbericht über Banken im Ausland gesehen, die nach diesem Prinzip Kredite vergeben. Wer etwas kann, eine gute Idee und den Willen zur Leistung hat, wird unterstützt. Ich finde das sinnvoll und innovativ, denn der Gegenwert zu einem Kredit, wie's bei uns gefordert wird, also in Form von Auto oder laufendem Einkommen, heißt noch lange nicht, daß auch die übrigen Kriterien stimmen.

Überschwemmung Pfingsten 1999: Mit dem Beiboot von der Straße durchs Haus direkt in den See

Wie schaffen Sie das alles – das werde ich oft gefragt. Ja, wie schaff ich's? Indem ich nicht alles so fürchterlich ernst nehme. Mich nicht und den Rest der Welt auch nicht. Das einzige, was meinem Empfinden nach ernst zu nehmen ist, sind Gewalt, Krankheit und Tod. Darüber hinaus denke ich, daß sich viele Menschen das Leben selbst schwermachen, in dem sie allem entsprechen, jedem gefallen, irgendwie interessant und irgendwie perfekt sein wollen. Ich habe bei Lia Wöhr, einer Schauspielerin und Regisseurin, gedreht, und in ihrer Wohnung hing ein

Schild, das ich nie mehr vergessen habe: »Wo ich bin, ist Chaos, aber ich kann nicht überall sein.«

Kreative Menschen sind oft Chaoten, das stimmt. An einem sterilen Ort kann sich keine Phantasie entwickeln, und in einem engstirnigen Kopf auch nicht. Die Dinge müssen sich bewegen, alles muß im Fluß sein. Ich fühle mich in sogenannten Ausstellungswohnungen nicht wohl. Karg, aber erlesen möbliert, alles an seinem Platz, die Illustrierten »Schöner Wohnen« und »Vogue« wohl plaziert auf dem Designertisch. In einer solchen Atmosphäre verstumme ich. Auch innerlich. Um mich herum muß es lebendig sein, das ist vielleicht auch der Grund, weshalb ich am Bodensee lebe. Sobald ich hinausschaue, verändert sich etwas. Das Licht, die Wasserfarbe, die Tiere, die Schiffe, die Wolken. Ständig ein neues Bild.

Dreharbeiten für meine damalige Fernsehreihe »Pp – Prominenz privat« mit Ruth Maria Kubitschek (1990)

Die Natur ist nicht festzuhalten. Sie geht ihren Gang, sie hat ihre Stimmungen, ihre Temperamente, nichts scheint geordnet, und trotzdem ist alles in Harmonie. Für mich ist das immer wieder ein kleines Wunder. Das war auch der Grund, weshalb ich über all die Jahre nie bei »meinen« Rundfunksendern in Frankfurt oder Baden-Baden lebte, sondern am Wochenende immer zu meiner kleinen Wohnung an den See fuhr. Ich brauche das einfach, es ist wie ein Lebenselexier.

Ruth Maria Kubitschek – sie wohnt auf der anderen Seeseite in der Schweiz – prägte einen Satz, der genau so auch auf mich zutrifft: »Wenn ich hier bin, geht mir die

Seele auf«, sagte sie, während wir auf einer Anhöhe standen und über den See zu den Hegaubergen blickten.

Aber hier oder dort, ich bin gleichzeitiges Arbeiten auf mehreren Baustellen gewöhnt. Meine Schularbeiten machte ich immer vor dem Fernseher, zusätzlich lief das Radio. Für meinen Vater war das unfaßbar, er brauchte für seine Buchtexte absolute Ruhe. Ich nicht. Während ich hier an diesem Platz vor dem Fenster meine Bücher schreibe, tobt hinter mir das Leben. Die Räume meiner Wohnung sind offen, Kinder lachen, Erwachsene unterhalten sich, Gäste kommen und gehen, Telefone klingeln. Es stört mich nicht. Ich kann mich gut in mich selbst verkriechen.

Aber wenn es auch mich packt und ich ein Wohlfühlprogramm für mich brauche, dann breche ich aus. Erst kürzlich, ich hatte ewig an einer fürchterlichen Erkältung herumlaboriert, habe ich einen Heilpraktiker entdeckt. Da ich aber zu Rundumschlägen neige, wenn schon, denn schon, war ich hintereinander bei meinem Arzt in Saulgau zur körperlichen Diagnose, bei meinem Heilpraktiker in Pforzheim zur übergeordneten Diagnose, und bei meinem Zahnarzt in Rastatt. Danach fuhr ich zufrieden nach Hause: Jeder hatte etwas entdeckt. Jetzt wußte ich Bescheid und verordnete mir und meinem Freund sofort einen Kurzurlaub in Italien. Wir fuhren ins Blaue, blieben, wo es uns gefiel, aßen und tranken und liebten und schwelgten, und als ich wieder nach Hause kam, war ich gesund.

Die Natur ist nicht festzuhalten. Sie geht ihren Gang, sie hat ihre Stimmungen, ihre Temperamente, nichts scheint geordnet, und trotzdem ist alles in Harmonie.

Also denke ich, wichtig für einen jeden von uns ist, sich selbst etwas Gutes zu gönnen. Womit wir wieder bei meiner alten Erkenntnis wären: Gutes kann man nur dann erkennen und genießen, wenn man auch die Kehrseite kennt. Ich stimme zu. Und ich sehe es an meinem Freundeskreis. Die sind aus dem gleichen Holz geschnitzt. Und ich sehe es auch bei Menschen, denen ich durch meinen Beruf begegne. Die, mit denen ich mich spontan wohl fühle, sind von der gleichen Machart: Mario Adorf ist ein Arbeiter und gleichzeitig Genußmensch, Martin Walser mit seiner Frau Käthe, Werner und Cathrin Baldessarini, Peter Lenk, Viktor Niemann und Ingeborg Rose und viele, denen ich in meinem Leben begegnet bin und die mir auf Anhieb sympathisch waren.

Mario Adorf: Ausstrahlung, Herzlichkeit und Charisma

Und es ist wohl auch so, daß ich jetzt, mit 43, ruhiger werde. Damit meine ich nicht die äußeren Tätigkeiten, damit meine ich eher mein inneres Gleichgewicht. Ich habe so langsam das Gefühl, angekommen zu sein. Der Trieb, nach spätestens sechs Jahren etwas Neues anfangen zu müssen, hat nachgelassen. Auch die Unruhe, wenn sich die Dinge zu sehr in die Länge zogen. Ich habe eigentlich so ziemlich alles hinter mir, was mich vor zwanzig Jahren interessiert hat und was mich so rastlos werden ließ. Ich hab's gesehen, und ich hab's erlebt. Ich weiß, daß ich helle, fröhliche Farben zum Wohnen brauche. In dunklen, schweren Möbeln dagegen ersticke ich. Ich kenne die Stätten, die Restaurants, die Hotels, in die man sich zurückziehen und die man sich mal selbst spendieren kann, gewissermaßen als kleinen Ausflug aus sich selbst. Ich kenne die Länder, nicht alle, aber viele, und ich weiß, wenn ich vor einer Boutique ste-

FREITAG, 7 UHR, im Hotel in Saint Tropez. Das Handy klingelte unzivilisiert früh. Auf dem Display entdeckte ich Frank, einen alten Freund und ehemaligen Kollegen.
»Ich schlachte dich, du Miststück!«
»Frank will mich schlachten«, sagte ich zu meinem Freund. Er grinste frech. »Warum denn?« fragte ich Frank mit schrägem Seitenblick zu meinem Freund.
»Ich verbringe hier die Nächte mit deinen Lesern!«
»Aha!« Ich sehe Horden von Menschen um Frank herumsitzen. Es erschließt sich mir nur noch nicht, warum.
»Der erste rief heute nacht gegen zwei Uhr an und erklärte mir, er habe meine Handynummer aus dem Buch!«
»Aus dem Buch?«
»Ja, genau!« Franks Stimme klang drohend. »Hab ich auch gedacht. Scherzbold, sagte ich zu ihm, natürlich stehe ich im Telefonbuch. Deswegen muß man mich ja nicht anrufen, und ich legte auf.«
»Ja, eben!«
»Gleich darauf kam eine SMS. Ob es mich tatsächlich gebe, stand da!«
»Ja, gibt's dich überhaupt?«
»Jetzt mach dich bloß nicht auch noch über mich lustig! MEINE Handynummer steht in DEINEM Buch!«
Es war für südfranzösische Verhältnisse früh, und ich brauchte eine Sekunde.
»Nein!!!«
»Doch!!!«
Dann prustete ich los. Es stimmte. Als ich an dem Manuskript schrieb und an der Stelle war, wo es um einen Steffen geht, rief Frank mich an. Ich redete mit ihm und schrieb automatisch weiter: seine Handynummer vom Display direkt in den Computer. Allerdings in der Absicht, das anschließend wieder zu ändern. Ich habe es vergessen.
Heute weiß ich, daß sich die Leser rhythmisch bei ihm melden.

Manchmal lange niemand, dann plötzlich viele. Die Männer, die ihn anrufen, fangen gleich ungeachtet der Uhrzeit weitreichende Gespräche an. Die Frauen sind eher verlegen und schreiben lieber eine SMS. Blind dates, sozusagen. Vielleicht wäre es an der Zeit, ihn von seinem Schicksal zu erlösen. Bei der nächsten Auflage vielleicht. Vielleicht lernt er aber auch durch mich die Frau seines Lebens kennen. Dann müßte er mir doch eigentlich dankbar sein. Oder etwa nicht?

he, was ich alles nicht brauche. Ich habe für mich eine Plattform geschaffen, auf der ich leben kann, groß genug für meine Tochter, meinen Freund, meine Freunde. Im Theater könnte ich jetzt eigentlich abtreten. Alles erledigt, Vorhang zu. Im Leben bin ich natürlich noch viel zu neugierig, zu frisch verliebt und zu verantwortungsvoll, um das zu tun. Ich lebe einfach gern.

»Ich lebe noch immer wahnsinnig gern«, das sagte mein Vater noch mit 80 Jahren. Als ein Herzinfarkt uns aus allen Himmelsrichtungen an sein Bett ins Krankenhaus trieb und er dort, sichtlich eingefallen und an unzähligen Schläuchen hängend, meine Schwester und mich ganz nah zu sich heranwinkte und kurzatmig anfing, uns etwas von einer Akte zu erzählen, die an einer bestimmten Stelle im Wohnzimmer stünde, schauten wir uns erschrocken an. Du lieber Himmel, jetzt kommt er mit dem Testament. Ausgerechnet! Die Situation erschien uns geradezu entsetzlich. Er, der uns immer Gespenstergeschichten erzählte und über das Leben nach dem Tod grübelte, wollte er jetzt selbst auf Forschungsreise gehen?

»In dem Aktenordner«, sagte er mit schwacher Stimme, »ist mein Manuskript zum neuen Buch. Das muß ich noch bearbeiten. Und vergeßt meinen Füller und die Brille nicht. Sonst wird's mir hier ja langweilig!«

Das Buch ist noch erschienen, sein letztes.

Donnerstag, 14 Uhr. Ein grauer Herbsttag, die Sonne will und will nicht hervorkommen, seit Tagen schon. Alle um mich herum sind müde, kommen morgens kaum hoch und den ganzen Tag nicht so richtig in Fahrt. Ich auch nicht. Schließlich fahre ich nach Konstanz ins Sonnenstudio. Komisch, die Sonne ist künstlich, aber das Licht, die Wärme, die Impression reichen schon. Ich komme heraus und fühle mich sonnengereift wie eine von Dr. Dittmaiers Apfelsinen.

Tod und Leben, dicht beieinander, nur durch Sekunden getrennt. Der Verlust eines Menschen durch Tod ist wohl das bitterste, was man erfahren kann. Für mich ist diese Vorstellung schlimmer als die Vorstellung, selbst sterben zu müssen. Ein Weg, ein Vorhang, ein Nichts. Ganz nach Vorstellungskraft und Glauben könnte es ein wunderbares Zusammentreffen mit alten Freunden werden. Es könnten aber auch Hitler, Mussolini, Idi Amin, Stalin, Albert Schweitzer, Mutter Teresa und Heinz Rühmann sein – und zwar alle auf einer Wolke. Und Claus Graf Schenk von Stauffenberg, Romeo und Julia, Adam und Eva. Dazu Millionen von Katzen und Hunden, denen man schließlich auch eine Seele zusprechen kann, und Deister, Paul Schockemöhles Pferd. Freund und Feind vereint? Und dazu noch einer mit der Harfe, der permanent das »Halleluja« singt? Luia, sog i?!? Ich weiß nicht so recht.

Freund und Feind, das ist sowieso eine Frage der Größe. Vielen von uns täte es gut, mehr Gelassenheit zu bewahren. Vor allem für sich selbst, denn alle Zutaten der Welt können nichts nützen, keine entspannende Massage, keine pflegende Kosmetik, kein Wellnesshotel, wenn das

innere Gleichgewicht nicht stimmt. Wenn man sich selbst gefunden hat, seinen Weg sieht, Bergen gegenüber Grenzen setzen kann, sich Freiräume für sich selbst erlaubt, ohne dabei ein schlechtes Gewissen zu haben, wenn man auch einmal »nein« sagen kann, obwohl alle ein »Ja« voraussetzen, wenn man sich seiner Persönlichkeit sicher ist, seinen eigenen Stil gefunden hat, sein Leben selbst in der Hand hält, ja dann haben auch Tiefschläge auf Dauer keine Chance. Hindernisse können abschrecken oder reizen. Wenn dahinter eine Belohnung winkt, ist die Herausforderung immer anzunehmen. Wer sich hingegen zu oft abdrängen läßt, landet schnell im Aus. Und wer will schon als Gespenst in einer Schublade enden?

Bildnachweis:

Ernst-W. Bork/Buchhandlung Palm & Enke S. 104; André Durão S. 68, 69; Herlinde Koelbl S. 2, 42, 133, 151; Karl Lipecki S. 165; Kai-Uwe Nielsen S. 9, 31, 71, 89, 99, 103, 117, 121, 124, 147, 149, 168; Seeger Press S. 107, 126, 130, 142, 143, 144; Hella Wolff-Seybold S. 123

Abdruck mit freundlicher Genehmigung aus dem Privatarchiv der Autorin:

Norbert Alexion S. 140; Doris Gruhler S. 24, 86, 96, 97, 115, 135, 136 unten; Arthur Hauptmann S. 10–23, 26; Gaby Hauptmann S. 33, 35, 37, 38, 45, 50, 85, 95, 111, 129, 136 oben; Karin Hauptmann S. 46; Fritz Heimberg S. 114; Sabine Hoffarth S. 82, 99; Lutz Linden S. 36, 39, 41, 48, 49, 51, 57, 91, 109, 113, 119, 155, 163; Werner Müller S. 122; Walter Wolter S. 27; Peter Zell S. 153

PIPER

Gaby Hauptmann

Ein Liebhaber zuviel ist noch zuwenig

Roman. 317 Seiten. Serie Piper 3200

Immer montags hat sie Zeit für Lars, den muskelbepackten Mann fürs Abenteuer. Und im Hamburger Nobelhotel *Ramses* genießt Anna ihren Seitensprung in vollen Zügen – genau wie das Pärchen im Zimmer über ihnen. Leidenschaft verbindet, denkt Anna und ruft kurzerhand oben an. Sie legt auf, als abgenommen wird, aber im selben Moment herrscht oben Totenstille. Und am nächsten Tag bringt die Zeitung eine unfaßbare Nachricht: Im *Ramses* wurde ein Mann tot aufgefunden, und zwar genau im Zimmer über Lars und Anna. Als Annas Ehemann Rainer, der scheinbar kreuzbrave Anwalt, mit dem Fall zu tun bekommt, bleibt ihr nichts anderes übrig, als heimlich auf eigene Faust zu recherchieren.

PIPER

Gaby Hauptmann

Nur ein toter Mann ist ein guter Mann

Roman. 302 Seiten. Serie Piper 2246

Ursula hat soeben ihren despotischen Mann beerdigt. Doch obwohl sich der Sargdeckel über ihm geschlossen hat, läßt er sie nicht los. Während sie sich von der ungeliebten Vergangenheit trennen will, fühlt sie sich weiter von ihm beherrscht. Sie wirft seine Wohnungseinrichtung hinaus, will seinen Flügel und seine heiß geliebte Yacht verkaufen, übernimmt die Leitung der Firma. Er schlägt zurück: Männer, die ihr zu nahe kommen, finden ein jähes Ende – durch ihre Hand, durch Unglücksfälle, durch Selbstmord.

Gaby Hauptmann hat eine listige, rabenschwarze Kriminalkomödie geschrieben: einen frechen und hinterhältigen Roman über eine Witwe, die eine Ehe lang im Schatten ihres mächtigen Mannes stand. Eine Frau, die auf dem Weg zu sich selbst nicht nur ein paar Verehrer unter die Erde bringt, sondern vor allem mit ihrem verstorbenen Gatten abrechnet.

PIPER

Gaby Hauptmann
Suche impotenten Mann fürs Leben

Roman. 315 Seiten. Serie Piper 2152

Wer seinen Augen nicht traut, hat richtig gelesen: Carmen Legg meint wörtlich, was sie in ihrer Annonce schreibt. Sie sucht den Traummann zum Kuscheln und Lieben – der (nicht nur) im Bett seine Hände da läßt, wo sie hingehören. Die Anzeige entpuppt sich als Knüller, und als sie schließlich in einem ihrer Bewerber tatsächlich den Mann ihres Lebens entdeckt, wünscht sie, das mit der Impotenz wäre wie mit einem Schnupfen, der von alleine vergeht.
Gaby Hauptmann ist das Kunststück gelungen, das Thema »Frau sucht Mann« von einer gänzlich anderen Seite aufzuziehen und daraus eine fetzige und frivole Frauenkomödie zu machen, die kinoreif ist.

»Mit Charme und Sprachwitz wird der Kampf der Geschlechter in eine sinnliche Komödie verwandelt.«
Schweizer Illustrierte